”مَعْرِفَةُ الْقُرْاٰن عَلٰی کَنْزِ الْعِرْفَان“ سے متعلق کچھ ضروری باتیں

مَعْرِفَةُ الْقُرْاٰن دورِ جدید کے تقاضوں کے عین مطابق قرآنِ مجید کا آسان اور منفرد لفظی ترجمہ ہے، یہاں اس سے متعلق چند فنی باتیں اور اس کی خصوصیات ملاحظہ ہوں،

1 قرآنِ مجید کا متن P.D.F فارمیٹ میں موجود مکتبۃ المدینہ کے مطبوعہ نسخے سے پیسٹ کیا گیا اور پیسٹنگ کے بعد دو مرتبہ اصل نسخے سے باریک بینی کے ساتھ تقابل کیا گیا ہے تاکہ حتَّی المقدور متن میں غلطی کا امکان نہ رہے۔ نیز ایک لائن میں اتنا متن پیسٹ کیا گیا ہے جتنے نیچے اجزاء مذکور ہیں اور لائن کے شروع اور آخر سے فاصلہ ختم کرنے کے لئے کمپیوٹر سافٹ ویئر کے ذریعے متنِ قرآن کے ٹیکسٹ کو مناسب حد تک پھیلا کر لائن کا شروع اور آخر برابر کیا گیا ہے۔

2 مختلف خانے بنا کر ان میں آیات کے اجزاء لکھے گئے اور ان کے رَسمُ الْخَط کو حتَّی الامکان متنِ قرآن کے رَسمُ الْخَط کے مطابق رکھنے کے لئے ”اَلْمُصْحَف“ فاؤنٹ استعمال کیا گیا ہے۔

3 قرآنِ مجید کا اصل رَسمُ الْخَط برقرار رکھنے کے لئے اجزاء میں تقسیم کے دوران الفاظ کے ساتھ متصل حروف اور ضمائر وغیرہ کو جدا لکھنے کی بجائے ایک ساتھ لکھا ہے اور مختلف رنگوں کے ذریعے انہیں اور ان کا ترجمہ ممتاز کر دیا ہے، جیسے ”مِمَّا“ میں ”مِنْ“ اور ”مَا“ کو اور ”اَنْفُسَهُمْ“ میں ”اَنْفُس“ اور ”هُمْ“ کو الگ الگ لکھنے کی بجائے ایک ساتھ لکھا اور رنگوں کے ذریعے ان الفاظ اور ان کے ترجمے میں امتیاز کر دیا ہے۔

4 بعض مقامات پر معنیٰ سمجھنے میں آسانی کے پیشِ نظر غیر متصل حروف و الفاظ اور اضافت سے خالی الفاظ کو بھی ایک ہی خانے میں لکھا گیا اور رنگوں کے ذریعے ان کے معانی میں امتیاز کیا گیا ہے۔ جیسے ”فِی الْاَرْضِ“ کو ایک ہی خانے میں لکھا ہے۔

5 صیغہ خواہ منفی ہو جیسے ”لَمْ تُنْذِرْ“ اور ”لَا يَعْلَمُوْنَ“ اور ”لَنْ تَفْعَلُوْا“ یا دوسرا جیسے ”كُنْتُمْ تَكْتُمُوْنَ“ مکمل صیغہ ایک ہی خانے میں لکھا ہے اسی طرح بعض مقامات پر پورا جملہ جیسے ”فَتَابَ عَلَيْهِ“ بھی ایک ہی خانے میں لکھا ہے تاکہ آیت کا اصل مرادی ترجمہ لکھنے میں آسانی رہے۔

6 ترجمے میں سلاست (روانی) کو برقرار رکھنے اور عربی الفاظ کے مفہوم کو مزید واضح کرنے کے لئے اضافت والے الفاظ جیسے ”كَلٰمَ اللّٰهِ“ کو ایک ہی خانے میں لکھا گیا اور رنگوں کے ذریعے ان کے ترجمے کی نشاندہی کر دی گئی ہے۔

7 حروف و الفاظ کا اصل وضع کے اعتبار سے جو ترجمہ بنتا ہے اسے لکھنے کا التزام کیا گیا اور ان کا مرادی اور مفہومی ترجمہ بریکٹ میں لکھ دیا ہے جیسے ”وَاَنْتُمْ تَعْلَمُوْنَ“ میں مذکور ”وَ“ حالیہ ہے، اس کا ترجمہ یوں لکھا ہے ”اور

اشاعت: محرم الحرام ۱۴۴۷ھ، جولائی 2025ء تعداد: 3000 (تین ہزار)

(حالانکہ)" البتہ بعض مقامات پر لغوی ترجمہ لکھنے میں شرعی مسائل ہونے کی وجہ سے تاویلی ترجمہ لکھا ہے اور حتَّی الامکان حاشیہ لگا کر ایسے مقامات کی وضاحت کر دی ہے۔

8 جن حروفِ زائدہ کا باقاعدہ کوئی ترجمہ نہیں بنتا انہیں کوئی رنگ کئے بغیر اسی طرح برقرار رکھا ہے جیسے "بِمُؤْمِنِیْنَ" میں حرف "ب" اور "مُؤْمِنِیْنَ" کو ایک ہی رنگ میں لکھا ہے۔

9 لفظی ترجمے کے ساتھ ایک بامحاورہ ترجمے کا بھی اضافہ کیا گیا ہے اور یہ ترجمہ تفسیر "صِرَاطُ الْجِنَان فِی تَفْسِیْرِ الْقُرْآن" میں چھپا ہوا "کَنْزُ الْعِرْفَان فِی تَرْجَمَۃِ الْقُرْآن" لکھا گیا ہے۔

10 سمجھنے میں آسانی کے لئے موقع محل کی مناسبت سے بریکٹوں میں الفاظ کا اضافہ کیا گیا اور ان کا رنگ سیاہ رکھا گیا ہے۔ نیز اجزاء میں جہاں آیت ختم ہوئی یونہی بامحاورہ ترجمے میں جہاں ایک آیت کا ترجمہ ختم ہوا وہاں اختتامیہ نشان ○ بھی ڈال دیا ہے۔

11 قرآن پاک میں بعض اوقات ایک آیت میں مختلف چیزیں بیان ہوتی ہیں اور بعض اوقات دو تین آیات کے بعد نئی بات شروع ہو جاتی ہے، فہمِ قرآن یعنی قرآن سمجھنے میں آسانی کیلئے ہم نے ہر ایسی جگہ پر نیا عنوان لگا دیا ہے جس کا فائدہ یہ ہے کہ اس نئے عنوان کو پڑھنے کے بعد وہاں سے شروع ہونے والی آیات کو بڑی آسانی سے سمجھا جاسکے گا کیونکہ پہلے سے معلوم ہو جائے گا کہ اب اس مضمون کی آیات آرہی ہیں۔

12 عنوانات صفحے کی سائیڈ میں لکھے ہیں اور جن آیات میں وہ عنوان بیان ہوا ہے انہیں اور ان کے بامحاورہ ترجمے کو مختلف رنگوں کے ذریعے ممتاز کیا ہے تاکہ قاری بآسانی سمجھ سکے کہ اس عنوان کا مضمون کہاں سے کہاں تک ہے، نیز موقع کی مناسبت سے تفسیر صراط الجنان اور دیگر معتبر تفاسیر سے مختصر اور جامع حواشی بھی لگائے گئے ہیں۔

13 حروف و الفاظ کے معنیٰ متعین کرنے کے لئے چار رنگوں کا استعمال کیا گیا ہے، سبز، سرخ، نیلا اور جامنی۔ پہلے تین رنگ مختلف حروف و الفاظ کے لئے استعمال کئے گئے ہیں اور جامنی رنگ بطورِ خاص لفظی ترجمے میں آنے والے اضافی الفاظ کے لئے استعمال کیا گیا ہے تاکہ قاری آسانی کے ساتھ یہ سمجھ سکے کہ جامنی رنگ والے الفاظ کسی خاص لفظ کا ترجمہ نہیں ہیں۔ جیسے "بِھٰذَا مَثَلًا" اور اس کا ترجمہ "اس مثال کے ساتھ"

اللہ تعالیٰ اس کوشش کو اپنی بارگاہ میں قبول فرمائے اور اسے میری، میرے اہلِ خانہ، رشتہ داروں، دوست احباب اور دیگر متعلقین کی نجات کا ذریعہ بنائے اور جن جن احباب نے اس کام کے سلسلے میں تعاون کیا ان کی کوششوں کو بھی قبول و منظور فرمائے اور سب کی بے حساب مغفرت فرمائے۔

ابُوالصَّالح محمد قاسم قادری

وَالْمُحْصَنٰتُ

5

وَّالْمُحْصَنٰتُ مِنَ النِّسَآءِ اِلَّا مَا مَلَكَتْ

وَّ	الْمُحْصَنٰتُ	مِنَ	النِّسَآءِ	اِلَّا	مَا	مَلَكَتْ
اور	(حرام کی گئیں) شوہر والیاں	سے	عورتوں	مگر	جو (جن کے)	مالک ہوئے

اور شوہر والی عورتیں تم پر حرام ہیں سوائے کافروں کی عورتوں کے جو تمہاری

اَیْمَانُكُمْ ۚ كِتٰبَ اللّٰهِ عَلَیْكُمْ ۚ وَ اُحِلَّ لَكُمْ مَّا

اَیْمَانُكُمْ	كِتٰبَ اللّٰهِ	عَلَیْكُمْ	وَ	اُحِلَّ	لَكُمْ	مَّا
تمہارے دائیں ہاتھ	اللہ کا لکھا ہوا	تمہارے اوپر	اور	حلال کی گئیں	تمہارے لئے	جو

ملک میں آجائیں۔ یہ تم پر اللہ کا لکھا ہوا ہے اور ان عورتوں کے علاوہ

وَرَآءَ ذٰلِكُمْ اَنْ تَبْتَغُوْا بِاَمْوَالِكُمْ

وَرَآءَ ذٰلِكُمْ	اَنْ	تَبْتَغُوْا	بِاَمْوَالِكُمْ(1)
ان (حرام کردہ) کے علاوہ (ہیں)	کہ	تم تلاش کرو	اپنے مالوں (مہروں) کے ذریعے

سب تمہیں حلال ہیں کہ تم انہیں اپنے مالوں کے ذریعے

مُّحْصِنِیْنَ غَیْرَ مُسٰفِحِیْنَ ؕ فَمَا اسْتَمْتَعْتُمْ

مُّحْصِنِیْنَ	غَیْرَ مُسٰفِحِیْنَ	فَمَا اسْتَمْتَعْتُمْ(2)
پاکدامن بننے والے، نکاح میں لانے والے (ہوں)	نہ کہ بدکاری کرنے والے (ہوں)	تو جو تم فائدہ اٹھانا چاہو

نکاح کرنے کو تلاش کرو نہ کہ زنا کرنے لئے تو ان میں سے جن عورتوں سے

بِهٖ مِنْهُنَّ فَاٰتُوْهُنَّ اُجُوْرَهُنَّ فَرِیْضَةً ؕ

بِهٖ	مِنْهُنَّ	فَاٰتُوْهُنَّ	اُجُوْرَهُنَّ	فَرِیْضَةً
اس (نکاح) کا	ان سے	تو دے دو انہیں	ان کے مہر	مقرر شدہ

نکاح کرنا چاہو ان کے مقررہ مہر انہیں دیدو

عنوان دوسرے کی منکوحہ عورت سے نکاح حرام ہے — ممنوعہ عورتوں کے علاوہ تمام عورتوں سے نکاح حلال ہے — مہر اور نکاح سے متعلق چند احکام اور ہدایات

(1) اس آیت اور اس سے پہلی آیت میں بیان کردہ عورتوں کے علاوہ بھی کچھ عورتوں سے نکاح حرام ہے، جیسے چار عورتوں کی موجودگی میں پانچویں سے اور خالہ کی موجودگی میں اس کی بھانجی سے نکاح حرام ہے، البتہ یہ حرمت ہمیشہ کے لئے نہیں، نکاح میں موجود رکاوٹ ختم ہونے کے بعد نکاح ہو سکتا ہے۔

(2) قرآن مجید میں عورت سے ازدواجی تعلقات کے معاملے میں نفع اٹھانے کی صرف دو صورتیں بیان کی گئی ہیں: (1) شرعی نکاح کے ذریعے۔ (2) عورت جس صورت میں شرعی طور پر لونڈی بن جائے۔ لہٰذا اس کے علاوہ ہر صورت حرام ہے۔ مزید تفصیل تفسیر صراط الجنان، ج۲، ص ۱۷۵ پر ملاحظہ فرمائیں۔

وَلَا جُنَاحَ عَلَيْكُمْ فِيْمَا تَرٰضَيْتُمْ بِهٖ

وَ	لَا	جُنَاحَ	عَلَيْكُمْ	فِيْمَا	تَرٰضَيْتُمْ	بِهٖ
اور	نہیں	کوئی گناہ	تمہارے اوپر	(مہر کی مقدار) میں جو	تم آپس میں رضامند ہو جاؤ	اس پر

اور مقررہ مہر کے بعد اگر تم آپس میں (کسی مقدار پر) راضی ہو جاؤ تو اس میں

مِنْۢ بَعْدِ الْفَرِيْضَةِ ؕ اِنَّ اللّٰهَ كَانَ عَلِيْمًا حَكِيْمًا ﴿۲۴﴾ وَمَنْ

مِنْۢ	بَعْدِ الْفَرِيْضَةِ	اِنَّ	اللّٰهَ	كَانَ	عَلِيْمًا	حَكِيْمًا ﴿۲۴﴾	وَ	مَنْ
سے	مقررہ (مہر) کے بعد	بیشک	اللہ	ہے	علم والا	حکمت والا	اور	جو

تم پر کوئی گناہ نہیں۔ بیشک اللہ علم والا، حکمت والا ہے ○ اور تم میں سے

لَّمْ يَسْتَطِعْ مِنْكُمْ طَوْلًا اَنْ يَّنْكِحَ الْمُحْصَنٰتِ

لَّمْ يَسْتَطِعْ (1)	مِنْكُمْ	طَوْلًا	اَنْ	يَّنْكِحَ	الْمُحْصَنٰتِ
طاقت نہ رکھے	تم میں سے	(اتنی) مالی وسعت، قدرت	کہ	نکاح کرے	آزاد عورتوں

جو کوئی اتنی قدرت نہ رکھتا ہو کہ آزاد مسلمان عورتوں سے

الْمُؤْمِنٰتِ فَمِنْ مَّا مَلَكَتْ اَيْمَانُكُمْ

الْمُؤْمِنٰتِ	فَمِنْ	مَّا	مَلَكَتْ	اَيْمَانُكُمْ
ایمان والیوں (سے)	تو (ان) سے (نکاح کرلے)	جو (جن کے)	مالک ہوئے	تمہارے دائیں ہاتھ

نکاح کر سکے تو ان مسلمان کنیزوں سے نکاح کرلے

مِّنْ فَتَيٰتِكُمُ الْمُؤْمِنٰتِ ؕ وَاللّٰهُ اَعْلَمُ بِاِيْمَانِكُمْ ؕ

مِّنْ	فَتَيٰتِكُمُ	الْمُؤْمِنٰتِ	وَ	اللّٰهُ	اَعْلَمُ	بِاِيْمَانِكُمْ
سے	تمہاری کنیزوں	ایمان والیوں	اور	اللہ	خوب جانتا ہے	تمہارے ایمان کو

جو تمہاری ملک ہیں اور اللہ تمہارے ایمان کو خوب جانتا ہے۔

عنوان: مقررہ مہر میں باہمی رضامندی سے کمی بیشی ہو سکتی ہے — دوسرے شخص کی باندی سے نکاح کی اجازت — باندیوں سے نکاح باعث عار سمجھنے کی تردید

(1) جو شخص آزاد عورت سے نکاح کی قدرت اور وسعت نہ رکھتا ہو تو وہ کسی مسلمان کی مومنہ کنیز سے اس کے مالک کی اجازت کے ساتھ نکاح کر سکتا ہے۔ اپنی کنیز سے نکاح نہیں ہو سکتا کیونکہ وہ مالک کے لئے نکاح کے بغیر ہی حلال ہے۔

بَعْضُكُمْ مِّنْۢ بَعْضٍ ۚ فَانْكِحُوْهُنَّ بِاِذْنِ اَهْلِهِنَّ وَ

بَعْضُكُمْ	مِّنْۢ بَعْضٍ	فَانْكِحُوْهُنَّ	بِاِذْنِ اَهْلِهِنَّ	وَ
تمہارے بعض	بعض سے (ہیں)	تو نکاح کرلو ان (کنیزوں) سے	ان کے مالکوں کی اجازت سے	اور

تم سب آپس میں ایک جیسے ہو تو ان کے مالکوں کی اجازت سے ان سے نکاح کرلو اور

اٰتُوْهُنَّ اُجُوْرَهُنَّ بِالْمَعْرُوْفِ مُحْصَنٰتٍ

اٰتُوْهُنَّ	اُجُوْرَهُنَّ	بِالْمَعْرُوْفِ	مُحْصَنٰتٍ
دو انہیں	ان کے مہر	بھلائی کے ساتھ (اچھے طریقے سے)	پاکدامن بننے والیاں، نکاح کرنے والیاں (ہوں)

اچھے طریقے سے انہیں ان کے مہر دیدو اس حال میں کہ وہ نکاح کرنے والی ہوں،

غَيْرَ مُسٰفِحٰتٍ وَّلَا مُتَّخِذٰتِ اَخْدَانٍ ۚ فَاِذَآ

غَيْرَ مُسٰفِحٰتٍ	وَّ	لَا	مُتَّخِذٰتِ	اَخْدَانٍ	فَاِذَآ
نہ کہ بدکاری کرنے والیاں (ہوں)	اور	نہ	بنانے والیاں (ہوں)	چھپے آشنا، خفیہ دوست	پھر جب

نہ زنا کرنے والی اور نہ پوشیدہ آشنا بنانے والی۔ پھر جب

اُحْصِنَّ فَاِنْ اَتَيْنَ بِفَاحِشَةٍ فَعَلَيْهِنَّ نِصْفُ مَا

اُحْصِنَّ	فَاِنْ	اَتَيْنَ	بِفَاحِشَةٍ	فَعَلَيْهِنَّ	نِصْفُ (1)	مَا
ان کا نکاح ہوجائے	تو اگر	وہ ارتکاب کریں	کسی بے حیائی کا	تو ان پر	آدھی (ہے)	جو

ان کا نکاح ہوجائے تو اگر وہ کسی بے حیائی کا اِرتکاب کریں تو ان پر آزاد عورتوں

عَلَى الْمُحْصَنٰتِ مِنَ الْعَذَابِ ؕ ذٰلِكَ لِمَنْ

عَلَى الْمُحْصَنٰتِ	مِنَ	الْعَذَابِ	ذٰلِكَ	لِمَنْ (2)
آزاد عورتوں پر (ہے)	سے	(شرعی) سزا	یہ (کنیزوں سے نکاح)	(اس) کے لئے جو (جسے)

کی نسبت آدھی سزا ہے۔ یہ تم میں سے اس شخص کے لئے مناسب ہے

عنوان: باندیوں سے نکاح ان کے مالکوں کی اجازت سے اور پاکدامنی کے لئے ہو — شادی شدہ زانیہ باندی کی شرعی سزا — باندی سے نکاح کس کے لئے بہتر ہے؟

(1)……زانیہ باندی خواہ کنواری ہو یا شادی شدہ، اس کی سزا آزاد کنواری عورت کی سزا سے آدھی یعنی پچاس کوڑے ہے۔ شادی شدہ باندی کو آزاد عورت کی طرح رجم نہیں کیا جائے گا کیونکہ رجم میں تنصیف یعنی اس سزا کو آدھا کرنا ممکن نہیں۔ (2)……بہتر یہ ہے کہ آزاد عورت سے نکاح کیا جائے اور باندی سے نکاح کرنے سے بچا جائے البتہ جسے زنا میں پڑنے کا ڈر ہو اسے دوسرے کی باندی سے نکاح جائز ہے اگرچہ اس صورت میں بھی صبر کرنا اور پرہیزگار رہنا افضل ہے۔ نوٹ: فی زمانہ بین الاقوامی طور پر مرد کو غلام اور عورت کو لونڈی بنانے کا قانون ختم ہوچکا ہے۔

خَشِيَ الْعَنَتَ مِنْكُمْ ؕ وَ اَنْ تَصْبِرُوْا خَيْرٌ

خَشِيَ	الْعَنَتَ	مِنْكُمْ	وَ	اَنْ	تَصْبِرُوْا	خَيْرٌ
خوف ہوا، اندیشہ ہوا	بدکاری (میں پڑنے کا)	تم میں سے	اور	یہ کہ	تم صبر کرو	(یہ) بہتر (ہے)

جسے بدکاری (میں پڑ جانے) کا اندیشہ ہے اور تمہارا صبر کرنا تمہارے لئے

لَّكُمْ ؕ وَ اللّٰهُ غَفُوْرٌ رَّحِيْمٌ ﴿٢٥﴾ ع يُرِيْدُ اللّٰهُ لِيُبَيِّنَ

لَّكُمْ	وَ	اللّٰهُ	غَفُوْرٌ	رَّحِيْمٌ ﴿٢٥﴾	يُرِيْدُ	اللّٰهُ	لِيُبَيِّنَ
تمہارے لئے	اور	اللہ	بخشنے والا	مہربان	چاہتا ہے	اللہ	کہ بیان کردے

بہتر ہے اور اللہ بخشنے والا مہربان ہے ○ اللہ چاہتا ہے کہ اپنے احکام تمہارے لئے

لَكُمْ وَ يَهْدِيَكُمْ سُنَنَ الَّذِيْنَ مِنْ

لَكُمْ	وَ	يَهْدِيَكُمْ (1)	سُنَنَ	الَّذِيْنَ	مِنْ
تمہارے لئے (اپنے احکام)	اور	رہنمائی کرے تمہاری	طریقوں (کی)	ان لوگوں کے جو	سے

بیان کردے اور تمہیں تم سے پہلے لوگوں کے طریقے

قَبْلِكُمْ وَ يَتُوْبَ عَلَيْكُمْ ؕ وَ اللّٰهُ عَلِيْمٌ حَكِيْمٌ ﴿٢٦﴾

قَبْلِكُمْ	وَ	يَتُوْبَ عَلَيْكُمْ	وَ	اللّٰهُ	عَلِيْمٌ	حَكِيْمٌ ﴿٢٦﴾
تم سے پہلے (تھے)	اور	اپنی رحمت سے رجوع فرمائے تم پر	اور	اللہ	علم والا	حکمت والا

بتادے اور تم پر اپنی رحمت سے رجوع فرمائے اور اللہ علم و حکمت والا ہے ○

وَ اللّٰهُ يُرِيْدُ اَنْ يَّتُوْبَ عَلَيْكُمْ قف وَ يُرِيْدُ الَّذِيْنَ

وَ	اللّٰهُ	يُرِيْدُ	اَنْ	يَّتُوْبَ عَلَيْكُمْ	وَ	يُرِيْدُ	الَّذِيْنَ
اور	اللہ	چاہتا ہے	کہ	اپنی رحمت سے رجوع فرمائے تم پر	اور	چاہتے ہیں	وہ لوگ جو

اور اللہ تم پر اپنی رحمت سے رجوع فرمانا چاہتا ہے اور جو لوگ

عنوان: نکاح سے متعلق آیات نازل کرنے کی حکمتیں

(1)...... اس سے مراد یہ ہے کہ عورتوں کے حرام یا حلال ہونے کے جس طرح احکام سابقہ آیات میں بیان ہوئے، اسی طرح احکام پچھلی شریعتوں میں بھی تھے۔

ع ٤

يَتَّبِعُوْنَ الشَّهَوٰتِ اَنْ تَمِيْلُوْا مَيْلًا عَظِيْمًا ﴿٢٧﴾

يَتَّبِعُوْنَ	الشَّهَوٰتِ	اَنْ	تَمِيْلُوْا	مَيْلًا	عَظِيْمًا ﴿٢٧﴾
پیروی کررہے ہیں	خواہشات (کی)	کہ	تم ہٹ جاؤ (سیدھی راہ سے)	ہٹ جانا	بہت

اپنی خواہشات کی پیروی کررہے ہیں وہ چاہتے ہیں کہ تم سیدھی راہ سے بہت دور ہو جاؤ ○

يُرِيْدُ اللّٰهُ اَنْ يُّخَفِّفَ عَنْكُمْ ۚ وَ خُلِقَ

يُرِيْدُ	اللّٰهُ	اَنْ	يُّخَفِّفَ	عَنْكُمْ	وَ	خُلِقَ
چاہتا ہے	اللہ	کہ	تخفیف کردے، ہلکا کردے	تم سے	اور	بنایا گیا ہے

اللہ چاہتا ہے کہ تم پر آسانی کرے اور آدمی کمزور

الْاِنْسَانُ ضَعِيْفًا ﴿٢٨﴾ يٰۤاَيُّهَا الَّذِيْنَ اٰمَنُوْا لَا تَاْكُلُوْۤا اَمْوَالَكُمْ بَيْنَكُمْ

الْاِنْسَانُ	ضَعِيْفًا ﴿٢٨﴾	يٰۤاَيُّهَا	الَّذِيْنَ	اٰمَنُوْا	لَا تَاْكُلُوْۤا	اَمْوَالَكُمْ	بَيْنَكُمْ
انسان	کمزور	اے	وہ لوگو جو	ایمان لائے	تم نہ کھاؤ	اپنے مال	اپنے درمیان

بنایا گیا ہے ○ اے ایمان والو! باطل طریقے سے آپس میں ایک دوسرے کے مال

بِالْبَاطِلِ اِلَّاۤ اَنْ تَكُوْنَ تِجَارَةً عَنْ تَرَاضٍ

بِالْبَاطِلِ (1)	اِلَّاۤ	اَنْ	تَكُوْنَ	تِجَارَةً	عَنْ	تَرَاضٍ
باطل (طریقے) سے	مگر	یہ کہ	ہو	کوئی تجارت، کوئی سودا	سے	باہمی رضامندی

نہ کھاؤ البتہ یہ (ہو) کہ تمہاری باہمی رضامندی سے

مِّنْكُمْ ۗ وَلَا تَقْتُلُوْۤا اَنْفُسَكُمْ ۗ اِنَّ اللّٰهَ كَانَ بِكُمْ رَحِيْمًا ﴿٢٩﴾

مِّنْكُمْ	وَ	لَا تَقْتُلُوْۤا	اَنْفُسَكُمْ	اِنَّ	اللّٰهَ	كَانَ	بِكُمْ	رَحِيْمًا ﴿٢٩﴾
تم سے (تمہاری)	اور	نہ قتل کرو	اپنی جانیں	بیشک	اللہ	ہے	تم پر	رحم فرمانے والا

تجارت ہو اور اپنی جانوں کو قتل نہ کرو۔ بیشک اللہ تم پر مہربان ہے ○

عنوان: اللہ تعالیٰ بندوں پر آسانی چاہتا ہے — باطل طریقے سے ایک دوسرے کا مال کھانے کی ممانعت — باہمی رضامندی سے تجارت حلال ہے — خود کو ہلاک کرنے کی ممانعت

(1) یہاں باطل طریقے سے مراد وہ طریقہ ہے جس سے مال حاصل کرنا شریعت نے حرام قرار دیا ہے جیسے رشوت، غصب، چوری، جوئے یا سود کے ذریعے مال حاصل کرنا، یونہی جھوٹی قسم، جھوٹی وکالت، خیانت اور گناہ کی کمائی جیسے گانے بجانے کی اجرت یہ سب باطل طریقے میں داخل اور حرام ہے۔

وَمَنۡ يَّفۡعَلۡ ذٰلِكَ عُدۡوَانًا وَّظُلۡمًا فَسَوۡفَ نُصۡلِيۡهِ

وَ	مَنۡ	يَّفۡعَلۡ	ذٰلِكَ	عُدۡوَانًا	وَّ	ظُلۡمًا (1)	فَسَوۡفَ نُصۡلِيۡهِ
اور	جو	کرے	یہ (ممنوعہ کام)	زیادتی	اور	ظلم (سے)	تو عنقریب ہم داخل کریں گے اسے

اور جو ظلم وزیادتی سے ایسا کرے گا تو عنقریب ہم اسے آگ میں

نَارًا ؕ وَكَانَ ذٰلِكَ عَلَى اللّٰهِ يَسِيۡرًا ﴿۳۰﴾ اِنۡ تَجۡتَنِبُوۡا

نَارًا	وَ	كَانَ	ذٰلِكَ	عَلَى	اللّٰهِ	يَسِيۡرًا ﴿۳۰﴾	اِنۡ	تَجۡتَنِبُوۡا
آگ (میں)	اور	ہے	یہ	پر	اللہ	بہت آسان	اگر	تم بچتے رہو

داخل کریں گے اور یہ اللہ پر بہت آسان ہے ○ اگر کبیرہ گناہوں

كَبَآئِرَ مَا تُنۡهَوۡنَ عَنۡهُ نُكَفِّرۡ عَنۡكُمۡ سَيِّاٰتِكُمۡ

كَبَآئِرَ (2)	مَا	تُنۡهَوۡنَ	عَنۡهُ	نُكَفِّرۡ	عَنۡكُمۡ	سَيِّاٰتِكُمۡ
کبیرہ گناہوں (سے)	جو	تمہیں منع کیا جاتا ہے	ان سے	(تو) ہم مٹادیں گے	تم سے	تمہاری برائیاں

سے بچتے رہو جن سے تمہیں منع کیا جاتا ہے تو ہم تمہارے دوسرے گناہ بخش دیں گے

وَنُدۡخِلۡكُمۡ مُّدۡخَلًا كَرِيۡمًا ﴿۳۱﴾ وَلَا تَتَمَنَّوۡا مَا

وَ	نُدۡخِلۡكُمۡ	مُّدۡخَلًا	كَرِيۡمًا ﴿۳۱﴾	وَ	لَا تَتَمَنَّوۡا	مَا
اور	ہم داخل کریں گے تمہیں	داخل ہونے کی جگہ	عزت والی	اور	تمنا نہ کرو	(اس چیز کی) جو

اور تمہیں عزت کی جگہ داخل کریں گے ○ اور تم اس چیز کی تمنا نہ کرو

فَضَّلَ اللّٰهُ بِهٖ بَعۡضَكُمۡ عَلٰى بَعۡضٍ ؕ لِلرِّجَالِ

فَضَّلَ	اللّٰهُ	بِهٖ	بَعۡضَكُمۡ	عَلٰى	بَعۡضٍ	لِلرِّجَالِ
فضیلت دی	اللہ (نے)	اس کے ساتھ	تمہارے بعض (کو)	پر	بعض	مردوں کے لئے

جس سے اللہ نے تم میں ایک کو دوسرے پر فضیلت دی ہے۔ مردوں کے لئے

عنوان: کبیرہ گناہوں سے بچنے کی فضیلت | حسد کی ممانعت | مرد و عورت میں سے ہر ایک اپنے نیک اعمال کی جزا پائے گا

(1) یہاں ظلم وزیادتی کی قید اس لئے لگائی کہ جن صورتوں میں کسی کا قتل جائز ہے اس صورت میں قتل کرنا جرم نہیں جیسے مرتد کو سزا میں یا قاتل کو قصاص میں یا شادی شدہ زانی کو سنگسار کرنے میں یا ڈاکو کو مقابلے یا سزا میں یا باغیوں کو لڑائی میں قتل کرنا۔ یہ سب حکومت کیلئے جائز ہے بلکہ حکومت کو اس کا حکم ہے۔ (2) کبیرہ گناہ کی ایک تعریف یہ ہے کہ وہ گناہ جس کا مرتکب قرآن وسنت میں بیان کی گئی کسی خاص سخت وعید کا مستحق ہو۔ کبیرہ گناہوں سے متعلق مزید تفصیل تفسیر صراط الجنان، ج ۲، ص ۱۸۸ پر ملاحظہ فرمائیں۔

نَصِیْبٌ مِّمَّا اكْتَسَبُوْا ؕ وَ لِلنِّسَآءِ نَصِیْبٌ مِّمَّا

نَصِیْبٌ	مِّمَّا	اكْتَسَبُوْا	وَ	لِلنِّسَآءِ	نَصِیْبٌ (1)	مِّمَّا
حصہ	(اس) سے جو	انہوں نے کمایا	اور	عورتوں کے لئے	حصہ	(اس) سے جو

ان کے اعمال سے حصہ ہے، اور عورتوں کے لئے ان کے اعمال سے

اكْتَسَبْنَ ؕ وَ سْـَٔلُوا اللّٰهَ مِنْ فَضْلِهٖ ؕ اِنَّ اللّٰهَ كَانَ

اكْتَسَبْنَ	وَسْـَٔلُوا	اللّٰهَ	مِنْ	فَضْلِهٖ	اِنَّ	اللّٰهَ	كَانَ
انہوں نے کمایا	اور مانگو	اللہ (سے)	سے	اس کا فضل	بیشک	اللہ	ہے

حصہ ہے اور اللہ سے اس کا فضل مانگو۔ بیشک اللہ

بِكُلِّ شَیْءٍ عَلِیْمًا ﴿۳۲﴾ وَ لِكُلٍّ جَعَلْنَا مَوَالِیَ مِمَّا

بِكُلِّ شَیْءٍ	عَلِیْمًا ﴿۳۲﴾	وَ	لِكُلٍّ	جَعَلْنَا	مَوَالِیَ	مِمَّا
ہر چیز کو	جاننے والا	اور	سب کے لئے	ہم نے بنادیئے	حقدار (وارث)	(اس مال) سے جو

ہر شے کو جاننے والا ہے ○ اور ماں باپ اور رشتے دار جو کچھ مال چھوڑیں

تَرَكَ الْوَالِدٰنِ وَ الْاَقْرَبُوْنَ ؕ وَ الَّذِیْنَ عَقَدَتْ

تَرَكَ	الْوَالِدٰنِ	وَ	الْاَقْرَبُوْنَ	وَ	الَّذِیْنَ	عَقَدَتْ (2)
چھوڑ جائیں	ماں باپ	اور	قریبی رشتہ دار	اور	وہ لوگ جو (جن سے)	بندھ چکا (ہو چکا)

ہم نے سب کے لئے (اُس مال میں) مستحق بنادیے ہیں اور جن سے تمہارا معاہدہ

اَیْمَانُكُمْ فَاٰتُوْهُمْ نَصِیْبَهُمْ ؕ اِنَّ اللّٰهَ كَانَ عَلٰی كُلِّ شَیْءٍ

اَیْمَانُكُمْ	فَاٰتُوْهُمْ	نَصِیْبَهُمْ	اِنَّ	اللّٰهَ	كَانَ	عَلٰی كُلِّ شَیْءٍ
تمہارا حلف (تمہارا معاہدہ)	تو دو انہیں	ان کا حصہ	بیشک	اللہ	ہے	ہر چیز پر

ہو چکا ہے انہیں ان کا حصہ دو۔ بیشک اللہ ہر شے پر

عنوان: اللہ تعالیٰ سے اس کا فضل مانگا جائے | اللہ تعالیٰ ہر چیز جانتا ہے | مالِ وراثت کے حقدار ہیں | عقد موالات پورا کرنے کا حکم

(1) یعنی میاں بیوی میں سے ہر ایک کو اس کے اپنے نیک اعمال کی جزا ملے گی، ایک کا نیک اور پرہیز گار ہونا دوسرے کو اعمال سے بے نیاز نہ کرے گا۔

(2) اس سے عقدِ مُوالات مراد ہے۔ اس کی صورت یہ ہے کہ ایسا شخص جس کا نسب مجہول ہو وہ دوسرے سے یہ کہے کہ تو میرا مولیٰ ہے میں مر جاؤں تو تو میرا وارث ہو گا اور میں کوئی جرم کروں تو تجھے دِیَت دینی ہو گی۔ دوسرا کہے: میں نے قبول کیا۔ اِس صورت میں یہ عقد صحیح ہو جاتا ہے اور قبول کرنے والا وارث بن جاتا ہے اور دِیَت بھی اُس پر آجاتی ہے۔

شَهِيْدًا ع ﴿۳۳﴾ اَلرِّجَالُ قَوّٰمُوْنَ عَلَى النِّسَآءِ بِمَا فَضَّلَ						
شَهِيْدًا ﴿۳۳﴾	اَلرِّجَالُ	قَوّٰمُوْنَ (1)	عَلَى	النِّسَآءِ	بِمَا	فَضَّلَ
گواہ	مرد	حاکم، نگہبان (ہیں)	پر	عورتوں	(اس) وجہ سے جو	فضیلت دی
گواہ ہے ○ مرد عورتوں پر نگہبان ہیں اس وجہ سے کہ اللہ نے						

اللّٰهُ بَعْضَهُمْ عَلٰى بَعْضٍ وَّ بِمَآ اَنْفَقُوْا						
اللّٰهُ	بَعْضَهُمْ	عَلٰى	بَعْضٍ	وَّ	بِمَآ	اَنْفَقُوْا
اللہ (نے)	ان کے بعض (کو)	پر	بعض	اور	(اس) وجہ سے جو	وہ خرچ کرتے ہیں
ان میں ایک کو دوسرے پر فضیلت دی اور اس وجہ سے کہ مرد عورتوں پر						

مِنْ اَمْوَالِهِمْ ؕ فَالصّٰلِحٰتُ قٰنِتٰتٌ حٰفِظٰتٌ				
مِنْ	اَمْوَالِهِمْ	فَالصّٰلِحٰتُ	قٰنِتٰتٌ	حٰفِظٰتٌ
سے	اپنے مالوں	تو نیک عورتیں	اطاعت کرنے والیاں	حفاظت کرنے والیاں
اپنا مال خرچ کرتے ہیں تو نیک عورتیں (شوہروں کی) اطاعت کرنے والی (اور) ان کی عدم موجودگی میں				

لِّلْغَيْبِ بِمَا حَفِظَ اللّٰهُ ؕ وَ الّٰتِىْ					
لِّلْغَيْبِ	بِمَا	حَفِظَ	اللّٰهُ	وَ	الّٰتِىْ
(شوہر کی) غیر موجودگی میں	ساتھ جو	حفاظت کا حکم دیا (یا) حفاظت فرمائی	اللہ (نے)	اور	جو (جن عورتوں سے)
اللہ کی حفاظت و توفیق سے حفاظت کرنے والی ہوتی ہیں اور جن					

تَخَافُوْنَ نُشُوْزَهُنَّ فَعِظُوْهُنَّ وَاهْجُرُوْهُنَّ				
تَخَافُوْنَ	نُشُوْزَهُنَّ	فَعِظُوْهُنَّ	وَ	اهْجُرُوْهُنَّ
تمہیں خوف ہو، اندیشہ ہو	ان کی نافرمانی (کا)	تو نصیحت کرو، سمجھاؤ انہیں	اور	چھوڑ دو انہیں
عورتوں کی نافرمانی کا تمہیں اندیشہ ہو تو انہیں سمجھاؤ اور (نہ سمجھنے کی صورت میں) ان سے اپنے بستر				

عنوان: مرد عورتوں پر حاکم ہیں اور اس فضیلت کی وجوہات — نیک و پارسا عورتوں کے اوصاف — نافرمان بیوی کی اصلاح کا طریقہ

(1)...... مردوں کو عورتوں پر حکمرانی اور تسلط حاصل ہے، اس کی ایک وجہ یہ ہے کہ اللہ تعالیٰ نے مردوں کو یہ مقام عطا فرمایا ہے اور دوسری وجہ یہ ہے کہ مرد عورتوں کے اخراجات کے ذمہ دار ہیں۔ اس کے علاوہ بھی کچھ وجوہات ہیں، لیکن یہ بات ذہن نشین رہے کہ مجموعی طور پر جنس مرد جنس عورت سے افضل ہے نہ کہ ہر مرد ہر عورت سے افضل ہے کیونکہ بعض عورتیں کئی مردوں سے افضل ہیں جیسے حضرت خدیجہ، حضرت فاطمہ، حضرت عائشہ رَضِیَ اللہُ تَعَالٰی عَنْهُنَّ، بہت سے مردوں سے افضل ہیں۔

فِي الْمَضَاجِعِ وَاضْرِبُوْهُنَّ ۚ فَاِنْ اَطَعْنَكُمْ

فِي	الْمَضَاجِعِ	وَ	اضْرِبُوْهُنَّ (1)	فَاِنْ	اَطَعْنَكُمْ
میں	بستروں	اور	مارو انہیں	پھر اگر	وہ اطاعت کرلیں تمہاری

الگ کرلو اور (پھر نہ سمجھنے پر) انہیں مارو پھر اگر وہ تمہاری اطاعت کرلیں

فَلَا تَبْغُوْا عَلَيْهِنَّ سَبِيْلًا ؕ اِنَّ اللّٰهَ كَانَ عَلِيًّا

فَلَا تَبْغُوْا (2)	عَلَيْهِنَّ	سَبِيْلًا	اِنَّ	اللّٰهَ	كَانَ	عَلِيًّا
تو نہ تلاش کرو	ان پر	(زیادتی کرنے کا) کوئی راستہ	بیشک	اللہ	ہے	بہت بلند

تو (اب) ان پر (زیادتی کرنے کا) راستہ تلاش نہ کرو۔ بیشک اللہ بہت بلند،

كَبِيْرًا ﴿٣٤﴾ وَاِنْ خِفْتُمْ شِقَاقَ بَيْنِهِمَا

كَبِيْرًا ﴿٣٤﴾	وَ	اِنْ	خِفْتُمْ	شِقَاقَ بَيْنِهِمَا
بہت بڑا	اور	اگر	تمہیں خوف ہو	ان دونوں کے درمیان ناچاقی، جھگڑے (کا)

بہت بڑا ہے ○ اور اگر تم کو میاں بیوی کے جھگڑے کا خوف ہو

فَابْعَثُوْا حَكَمًا مِّنْ اَهْلِهٖ وَحَكَمًا

فَابْعَثُوْا	حَكَمًا	مِّنْ	اَهْلِهٖ	وَ	حَكَمًا
تو بھیجو	ایک منصف، فیصلہ کرنے والا	سے	اس (شوہر) کے گھر والوں (سے)	اور	ایک منصف، فیصلہ کرنے والا

تو ایک مُنْصِف مرد کے گھر والوں کی طرف سے بھیجو اور ایک مُنْصِف

مِّنْ اَهْلِهَا ۚ اِنْ يُّرِيْدَآ اِصْلَاحًا

مِّنْ	اَهْلِهَا	اِنْ	يُّرِيْدَآ	اِصْلَاحًا
سے	اس (بیوی) کے گھر والوں (سے)	اگر	وہ دونوں (منصف) چاہیں	صلح کروانا

عورت کے گھر والوں کی طرف سے (بھیجو) یہ دونوں اگر صلح کرانا چاہیں گے

عنوان: نافرمان بیوی اطاعت گزار بن جائے تو اسے تنگ نہ کریں | نافرمان بیوی کی اصلاح نہ ہو سکے تو میاں بیوی کے قریبی رشتہ دار مسئلے کا حل نکالیں

(1)...... اس مار سے مراد ہاتھ یا مسواک جیسی چیز سے چہرے اور نازک اعضاء کے علاوہ دیگر بدن پر ایک دو ضربیں لگانا ہے۔ وہ مار مراد نہیں جو ہمارے ہاں جاہلوں میں رائج ہے کہ چہرے اور سارے بدن پر مارتے، مکوں، گھونسوں اور لاتوں سے پیٹتے، ڈنڈا یا جو کچھ ہاتھ میں آئے اس سے مارتے اور لہولہان کر دیتے ہیں یہ سب حرام و ناجائز، گناہِ کبیرہ اور پرلے درجے کی جہالت اور کمینگی ہے۔ (2)...... اس آیت سے اُن لوگوں کو نصیحت حاصل کرنی چاہیے جو عورت کے ہزار بار معذرت کرنے، گڑگڑا کر پاؤں پڑنے، طرح طرح کے واسطے دینے کے باوجود اپنی ناک نیچی نہیں کرتے اور صنفِ نازک کو مشقِ ستم بنا کر اپنی بزدلی کو بہادری سمجھتے ہیں۔

يُوَفِّقِ اللّٰهُ بَيْنَهُمَا ؕ اِنَّ اللّٰهَ كَانَ

يُوَفِّقِ (1)	اللّٰهُ	بَيْنَهُمَا	اِنَّ	اللّٰهَ	كَانَ
(تو) اتفاق پیدا کردے گا	اللہ	ان دونوں (شوہر بیوی) کے درمیان	بیشک	اللہ	ہے

تو اللہ ان کے درمیان اتفاق پیدا کردے گا۔ بیشک اللہ

عَلِيْمًا خَبِيْرًا ﴿٣٥﴾ وَاعْبُدُوا اللّٰهَ وَلَا تُشْرِكُوْا بِهٖ

عَلِيْمًا	خَبِيْرًا ﴿٣٥﴾	وَ	اعْبُدُوا (2)	اللّٰهَ	وَ	لَا تُشْرِكُوْا	بِهٖ
علم والا	خبردار	اور	عبادت کرو	اللہ (کی)	اور	شریک نہ ٹھہراؤ	اس کے ساتھ

خوب جاننے والا، خبردار ہے ○ اور اللہ کی عبادت کرو اور اس کے ساتھ کسی کو شریک نہ

شَيْــًٔا وَّبِالْوَالِدَيْنِ اِحْسَانًا وَّبِذِی الْقُرْبٰى

شَيْــًٔا	وَّ	بِالْوَالِدَيْنِ	اِحْسَانًا	وَّ	بِذِی الْقُرْبٰى
کسی چیز (کو)	اور	ماں باپ کے ساتھ	احسان، اچھا سلوک (کرو)	اور	قرابت والوں کے ساتھ

ٹھہراؤ اور ماں باپ سے اچھا سلوک کرو اور رشتہ داروں

وَالْيَتٰمٰى وَالْمَسٰكِيْنِ وَالْجَارِ ذِی الْقُرْبٰى وَالْجَارِ الْجُنُبِ

وَ	الْيَتٰمٰى	وَ	الْمَسٰكِيْنِ	وَ	الْجَارِ	ذِی الْقُرْبٰى	وَ	الْجَارِ	الْجُنُبِ
اور	یتیموں	اور	مسکینوں	اور	پڑوسی	قریب والے	اور	پڑوسی	دور (کے)

اور یتیموں اور محتاجوں اور قریب کے پڑوسی اور دور کے پڑوسی

وَالصَّاحِبِ بِالْجَنْۢبِ وَابْنِ السَّبِيْلِ ۙ وَمَا مَلَكَتْ

وَ	الصَّاحِبِ	بِالْجَنْۢبِ	وَ	ابْنِ السَّبِيْلِ	وَ	مَا	مَلَكَتْ
اور	ساتھی	کروٹ کے	اور	مسافر	اور	جو (جن کے)	مالک ہوئے

اور پاس بیٹھنے والے ساتھی اور مسافر اور اپنے غلام لونڈیوں

عنوان: اللہ تعالیٰ اور بندوں کے حقوق کا بیان

(1) جب کسی صورت میاں بیوی کے درمیان نااتفاقی ختم نہ ہو تو مرد و عورت دونوں کے خاص قریبی رشتہ داروں میں سے ایک ایک شخص کو منصف مقرر کرلیا جائے، یہ منصف مسئلے کا حل نکالنے کی کوشش کریں۔ اگر اچھی نیت اور صحیح طریقے سے کوشش کریں گے تو اللہ تعالیٰ میاں بیوی کے درمیان اتفاق پیدا کردے گا۔ یہ منصف صلح کرانے کا اختیار رکھتے ہیں، انہیں میاں بیوی میں جدائی کروا دینے کا اختیار نہیں یعنی یہ جدائی کا فیصلہ کریں تو شرعاً ان میں جدائی ہو جائے، ایسا نہیں ہوسکتا۔ (2) اس آیت میں اللہ تعالیٰ اور بندوں دونوں کے حقوق کی تعلیم دی گئی ہے۔ مزید تفصیل تفسیر صراط الجنان، ج۲، ص ۲۰۰ پر ملاحظہ فرمائیں۔

اَیۡمَانُكُمۡ ؕ اِنَّ اللّٰهَ لَا یُحِبُّ مَنۡ كَانَ مُخۡتَالًا

اَیۡمَانُكُمۡ	اِنَّ	اللّٰهَ	لَا یُحِبُّ	مَنۡ	كَانَ	مُخۡتَالًا (1)
تمہارے دائیں ہاتھ	بیشک	اللہ	پسند نہیں کرتا	(اسے) جو	ہو	تکبر کرنے والا

(کے ساتھ اچھا سلوک کرو۔) بیشک اللہ ایسے شخص کو پسند نہیں کرتا جو متکبر،

فَخُوۡرَا ۙ﴿۳۶﴾ الَّذِیۡنَ یَبۡخَلُوۡنَ وَ یَاۡمُرُوۡنَ النَّاسَ بِالۡبُخۡلِ وَ

فَخُوۡرَا ﴿۳۶﴾	الَّذِیۡنَ	یَبۡخَلُوۡنَ (2)	وَ	یَاۡمُرُوۡنَ	النَّاسَ	بِالۡبُخۡلِ	وَ
فخر کرنے والا	وہ لوگ جو	بخل کرتے ہیں	اور	حکم دیتے ہیں	لوگوں (کو)	بخل کرنے کا	اور

فخر کرنے والا ہو ○ وہ لوگ جو خود بخل کرتے ہیں اور دیگر لوگوں کو بخل کا کہتے ہیں اور

یَكۡتُمُوۡنَ مَاۤ اٰتٰىهُمُ اللّٰهُ مِنۡ فَضۡلِهٖ ؕ وَ اَعۡتَدۡنَا

یَكۡتُمُوۡنَ	مَاۤ	اٰتٰىهُمُ	اللّٰهُ	مِنۡ	فَضۡلِهٖ	وَ	اَعۡتَدۡنَا
چھپاتے ہیں	وہ جو	عطا کیا انہیں	اللہ (نے)	سے	اپنے فضل	اور	ہم نے تیار کر رکھا ہے

اللہ نے جو انہیں اپنے فضل سے دیا ہے اسے چھپاتے ہیں (ان کے لئے شدید وعید ہے) اور کافروں کے لئے

لِلۡكٰفِرِیۡنَ عَذَابًا مُّهِیۡنًا ﴿ۚ۳۷﴾ وَ الَّذِیۡنَ یُنۡفِقُوۡنَ اَمۡوَالَهُمۡ

لِلۡكٰفِرِیۡنَ	عَذَابًا	مُّهِیۡنًا ﴿۳۷﴾	وَ	الَّذِیۡنَ	یُنۡفِقُوۡنَ	اَمۡوَالَهُمۡ
کافروں کے لئے	عذاب	ذلیل ورسوا کردینے والا	اور	وہ لوگ جو	خرچ کرتے ہیں	اپنے مال

ہم نے ذلت کا عذاب تیار کر رکھا ہے ○ اور وہ لوگ جو اپنے مال

رِئَآءَ النَّاسِ وَ لَا یُؤۡمِنُوۡنَ بِاللّٰهِ وَ لَا بِالۡیَوۡمِ الۡاٰخِرِ ؕ

رِئَآءَ النَّاسِ	وَ	لَا یُؤۡمِنُوۡنَ	بِاللّٰهِ	وَ	لَا	بِالۡیَوۡمِ	الۡاٰخِرِ
لوگوں کے دکھاوے (کے لئے)	اور	ایمان نہیں لاتے	اللہ پر	اور	نہ	دن پر	آخرت (کے)

لوگوں کے دکھاوے کے لئے خرچ کرتے ہیں اور نہ اللہ پر ایمان لاتے ہیں اور نہ ہی آخرت کے دن پر

عنوان: متکبر اور فخر کرنے والا اللہ تعالیٰ کو پسند نہیں — بخل کی مذمت اور کافروں کے لئے وعید — دکھاوے اور شہرت کے لئے مال خرچ کرنے کی مذمت

1 ...... کسی کو خود سے حقیر سمجھنا اور حق بات قبول نہ کرنا تکبر ہے، یہ انتہائی مذموم وصف اور کبیرہ گناہ ہے۔

2 ...... بخل کا شرعی معنی ہے "ذمہ میں واجب چیز کو ادا نہ کرنا" البتہ یہاں بخل سے مراد یہودیوں کا نبی اکرم صَلَّی اللّٰہُ تَعَالٰی عَلَیْہِ وَاٰلِہٖ وَسَلَّمَ کے توریت میں مذکور اوصاف بیان کرنے میں بخل کرنا ہے اور بعض مفسرین کے نزدیک اس سے مراد مال خرچ کرنے میں بخل کرنا ہے۔

وَمَنۡ یَّكُنِ الشَّیۡطٰنُ لَهٗ قَرِیۡنًا فَسَآءَ قَرِیۡنًا ﴿۳۸﴾ وَ

وَ	مَنۡ	یَّكُنِ	الشَّیۡطٰنُ	لَهٗ	قَرِیۡنًا(1)	فَسَآءَ	قَرِیۡنًا ﴿۳۸﴾	وَ
اور	جو	ہو جائے	شیطان	اس کا	ساتھی	تو کتنا برا ہے وہ	ساتھی	اور

(توان کے لئے شدید وعید ہے۔) اور جس کا ساتھی شیطان بن جائے تو کتنا برا ساتھی ہو گیا ○ اور

مَاذَا عَلَیۡهِمۡ لَوۡ اٰمَنُوۡا بِاللّٰهِ وَالۡیَوۡمِ الۡاٰخِرِ وَاَنۡفَقُوۡا

مَاذَا	عَلَیۡهِمۡ	لَوۡ	اٰمَنُوۡا	بِاللّٰهِ	وَ	الۡیَوۡمِ	الۡاٰخِرِ	وَ	اَنۡفَقُوۡا
کیا (حرج تھا)	ان پر	اگر	وہ ایمان لاتے	اللہ پر	اور	دن، روزِ	آخرت	اور	خرچ کرتے

اگر وہ اللہ اور قیامت پر ایمان لاتے اور اللہ کے دیے ہوئے رزق میں سے

مِمَّا رَزَقَهُمُ اللّٰهُ ؕ وَكَانَ اللّٰهُ بِهِمۡ عَلِیۡمًا ﴿۳۹﴾ اِنَّ

مِمَّا	رَزَقَهُمُ	اللّٰهُ	وَ	كَانَ	اللّٰهُ	بِهِمۡ	عَلِیۡمًا ﴿۳۹﴾	اِنَّ
(اس) سے جو	رزق دیا انہیں	اللہ (نے)	اور	ہے	اللہ	ان کو (انہیں)	جاننے والا	بیشک

اس کی راہ میں خرچ کرتے تو ان کا کیا نقصان تھا اور اللہ انہیں جانتا ہے ○ بیشک

اللّٰهَ لَا یَظۡلِمُ مِثۡقَالَ ذَرَّةٍ ۚ وَاِنۡ تَكُ حَسَنَةً

اللّٰهَ	لَا یَظۡلِمُ(2)	مِثۡقَالَ ذَرَّةٍ	وَ	اِنۡ	تَكُ	حَسَنَةً
اللہ	ظلم نہیں کرتا	ایک ذرے کی مقدار (بھی)	اور	اگر	ہو	کوئی نیکی

اللہ ایک ذرہ برابر ظلم نہیں فرماتا اور اگر کوئی نیکی ہو

یُّضٰعِفۡهَا وَیُؤۡتِ مِنۡ لَّدُنۡهُ اَجۡرًا عَظِیۡمًا ﴿۴۰﴾

یُّضٰعِفۡهَا	وَ	یُؤۡتِ	مِنۡ	لَّدُنۡهُ	اَجۡرًا	عَظِیۡمًا ﴿۴۰﴾
(تو) کئی گنا بڑھا دیتا ہے اسے	اور	دیتا ہے	سے	اپنے پاس	اجر، ثواب	بہت بڑا

تو وہ اسے کئی گنا بڑھا دیتا ہے اور اپنے پاس سے بہت بڑا ثواب عطا فرماتا ہے ○

عنوان: ناموری اور دکھاوے کے لئے مال خرچ کرنے والوں کو تنبیہ | اللہ تعالیٰ ذرہ بھر بھی ظلم نہیں فرماتا | اللہ تعالیٰ نیکی کا ثواب عمل سے زیادہ دیتا ہے

(1)...... جب بندہ شیطانی کام کر کے شیطان کو خوش کرتا ہے تو شیطان اس کا ساتھی بن جاتا ہے اور جس کا ساتھی شیطان ہو وہ اپنے انجام پر خود ہی غور کر لے۔ اس کی تفصیل تفسیر صراط الجنان، ج۲، ص۲۰۵ پر ملاحظہ فرمائیں۔

(2)...... اللہ تعالیٰ اس سے پاک ہے کہ وہ کسی پر ایک ذرے جتنا بھی ظلم فرمائے۔ یہاں یہ بات اس معنیٰ میں ہے کہ بلاوجہ کسی کے نیک اعمال ضائع کر کے جزاء سے محروم کر دینا یا جرم سے زیادہ سزا دینا اللہ تعالیٰ کی شان کے لائق نہیں۔

فَكَيْفَ اِذَا جِئْنَا مِنْ كُلِّ اُمَّةٍۭ بِشَهِيْدٍ وَّ جِئْنَا						
فَكَيْفَ	اِذَا	جِئْنَا	مِنْ	كُلِّ اُمَّةٍ	بِشَهِيْدٍ	وَّ	جِئْنَا
تو کیسا (حال ہو گا)	جب	ہم لائیں گے	سے	ہر امت	ایک گواہ کو	اور	ہم لائیں گے

توکیسا حال ہو گا جب ہم ہر امت میں سے ایک گواہ لائیں گے اور اے حبیب!

بِكَ عَلٰى هٰۤؤُلَآءِ شَهِيْدًا ﴿٤١﴾ يَوْمَئِذٍ يَّوَدُّ الَّذِيْنَ

بِكَ	عَلٰى	هٰۤؤُلَآءِ	شَهِيْدًا ﴿٤١﴾	يَوْمَئِذٍ (1)	يَّوَدُّ	الَّذِيْنَ
آپ کو	اوپر	ان کے	گواہ، نگہبان (بنا کر)	اس دن	تمنا کریں گے	وہ لوگ جو (جنہوں نے)

تمہیں ان سب پر گواہ اور نگہبان بنا کر لائیں گے ○ اس دن کفار

كَفَرُوْا وَعَصَوُا الرَّسُوْلَ لَوْ تُسَوّٰى بِهِمُ الْاَرْضُ ؕ وَ

كَفَرُوْا	وَ	عَصَوُا	الرَّسُوْلَ	لَوْ	تُسَوّٰى	بِهِمُ	الْاَرْضُ	وَ
کفر کیا	اور	نافرمانی کی	رسول (کی)	کاش	برابر کر دی جائے	ان پر	زمین	اور

اور رسول کی نافرمانی کرنے والے تمنا کریں گے کہ کاش انہیں مٹی میں دبا کر زمین برابر کر دی جائے اور

لَا يَكْتُمُوْنَ اللّٰهَ حَدِيْثًا ﴿٤٢﴾ ع يٰۤاَيُّهَا الَّذِيْنَ اٰمَنُوْا لَا تَقْرَبُوا

لَا يَكْتُمُوْنَ	اللّٰهَ	حَدِيْثًا ﴿٤٢﴾	يٰۤاَيُّهَا	الَّذِيْنَ	اٰمَنُوْا	لَا تَقْرَبُوا
وہ نہیں چھپا سکیں گے	اللہ (سے)	کوئی بات	اے	وہ لوگو جو	ایمان لائے	قریب نہ جاؤ

وہ کوئی بات اللہ سے چھپا نہ سکیں گے ○ اے ایمان والو!

الصَّلٰوةَ وَاَنْتُمْ سُكٰرٰى حَتّٰى تَعْلَمُوْا مَا

الصَّلٰوةَ	وَ	اَنْتُمْ	سُكٰرٰى	حَتّٰى	تَعْلَمُوْا	مَا
نماز (کے)	اور (جبکہ)	تم	نشے (میں ہو)	یہاں تک کہ	جاننے لگو، سمجھنے لگو	وہ جو

نشہ کی حالت میں نماز کے پاس نہ جاؤ جب تک سمجھنے نہ لگو وہ بات جو

عنوان: بروزِ قیامت ہر اُمت سے ایک گواہ لایا جائے گا اور حضور صَلَّی اللّٰہُ تَعَالٰی عَلَیْہِ وَاٰلِہٖ وَسَلَّم سب پر گواہ ہوں گے — بروزِ قیامت کافروں اور نافرمانوں کی حسرتیں — نشے اور جنابت کی حالت میں نماز کے قریب جانے کی ممانعت

(1) ...... یہ آیت اگرچہ کافروں کے بارے میں نازل ہوئی لیکن بہر حال دنیا میں تو ہر آدمی کو عذابِ الٰہی سے ڈرنا چاہیے جیسا کہ بزرگانِ دین قیامت کی ہولناکی اور عذابِ جہنم کی شدت سے انتہائی خوفزدہ رہتے تھے۔

تَقُوْلُوْنَ وَلَا جُنُبًا اِلَّا عَابِرِیْ سَبِیْلٍ حَتّٰى

تَقُوْلُوْنَ	وَ	لَا	جُنُبًا(1)	اِلَّا	عَابِرِیْ سَبِیْلٍ	حَتّٰى
تم کہو	اور	نہ	ناپاکی کی حالت (میں)	مگر	راستہ گزرنے والے (مسافر ہو)	یہاں تک کہ

تم کہو اور نہ ناپاکی کی حالت میں (نماز کے قریب جاؤ) حتی کہ تم غسل کرلو

تَغْتَسِلُوْا ؕ وَ اِنْ كُنْتُمْ مَّرْضٰۤى اَوْ عَلٰى سَفَرٍ اَوْ جَآءَ اَحَدٌ

تَغْتَسِلُوْا	وَ	اِنْ	كُنْتُمْ	مَّرْضٰۤى	اَوْ	عَلٰى	سَفَرٍ	اَوْ	جَآءَ	اَحَدٌ
تم غسل کرلو	اور	اگر	تم ہو	مریض، بیمار	یا	پر	سفر	یا	آئے	کوئی ایک

سوائے اس کے کہ تم حالتِ سفر میں ہو (تو تیمّم کرلو) اور اگر تم بیمار ہو یا سفر میں ہو یا تم میں سے کوئی

مِّنْكُمْ مِّنَ الْغَآىِٕطِ اَوْ لٰمَسْتُمُ النِّسَآءَ فَلَمْ تَجِدُوْا

مِّنْكُمْ	مِّنَ	الْغَآىِٕطِ	اَوْ	لٰمَسْتُمُ	النِّسَآءَ	فَلَمْ تَجِدُوْا
تم میں سے	سے	قضائے حاجت	یا	تم نے ہمبستری کی ہو	عورتوں (سے)	پس تم نہ پاؤ

قضائے حاجت سے آیا ہو یا تم نے عورتوں سے ہم بستری کی ہو اور پانی

مَآءً فَتَیَمَّمُوْا صَعِیْدًا طَیِّبًا فَامْسَحُوْا بِوُجُوْهِكُمْ وَ اَیْدِیْكُمْ ؕ

مَآءً	فَتَیَمَّمُوْا	صَعِیْدًا	طَیِّبًا	فَامْسَحُوْا	بِوُجُوْهِكُمْ	وَ	اَیْدِیْكُمْ
پانی	تو تیمّم کرو	مٹی (سے)	پاک	تو مسح کرلیا کرو	اپنے چہروں کا	اور	اپنے ہاتھوں (کا)

نہ پاؤ تو پاک مٹی سے تیمّم کرو تو اپنے منہ اور ہاتھوں کا مسح کرلیا کرو

اِنَّ اللّٰهَ كَانَ عَفُوًّا غَفُوْرًا ۝٤٣ اَلَمْ تَرَ اِلَى

اِنَّ	اللّٰهَ	كَانَ	عَفُوًّا	غَفُوْرًا ۝٤٣	اَلَمْ تَرَ	اِلَى
بیشک	اللہ	ہے	معاف کرنے والا	بخشنے والا	کیا تم نے نہ دیکھا	کی طرف

بیشک اللہ معاف کرنے والا، بخشنے والا ہے ○ کیا تم نے ان لوگوں کو نہ دیکھا

عنوان: تیمم کے حکم کی تفصیل | یہودی خود گمراہی کے خریدار اور مسلمانوں کو گمراہ کرنا چاہتے ہیں

(1) ...... اس آیت میں نشے اور جنابت کی حالت میں نماز کے قریب نہ جانے کا حکم دیا گیا اور تیمم کا تفصیلی حکم بیان کیا گیا ہے۔ ان سے متعلق مزید تفصیل تفسیر صراط الجنان، ج۲، ص ۲۱۲ پر ملاحظہ فرمائیں۔

اَلَّذِیْنَ اُوْتُوْا نَصِیْبًا مِّنَ الْكِتٰبِ یَشْتَرُوْنَ الضَّلٰلَةَ وَ

الَّذِیْنَ	اُوْتُوْا	نَصِیْبًا	مِّنَ	الْكِتٰبِ	یَشْتَرُوْنَ	الضَّلٰلَةَ	وَ
ان لوگوں کی جو (جنہیں)	دیا گیا	ایک حصہ	سے	کتاب	وہ خریدتے ہیں	گمراہی	اور

جنہیں کتاب سے ایک حصہ ملا کہ وہ گمراہی خریدتے ہیں اور

یُرِیْدُوْنَ اَنْ تَضِلُّوا السَّبِیْلَ ﴿٤٤﴾ وَاللّٰهُ اَعْلَمُ

یُرِیْدُوْنَ	اَنْ	تَضِلُّوا	السَّبِیْلَ ﴿٤٤﴾	وَ	اللّٰهُ	اَعْلَمُ
چاہتے ہیں	کہ	تم بھٹک جاؤ	راستے (سے)	اور	اللہ	خوب جانتا ہے

چاہتے ہیں کہ تم بھی راستے سے بھٹک جاؤ ○ اور اللہ تمہارے دشمنوں کو

بِاَعْدَآئِكُمْ ؕ وَكَفٰى بِاللّٰهِ وَلِیًّا ٝ وَّكَفٰى بِاللّٰهِ نَصِیْرًا ﴿٤٥﴾

بِاَعْدَآئِكُمْ (1)	وَ	كَفٰى	بِاللّٰهِ	وَلِیًّا	وَّ	كَفٰى	بِاللّٰهِ	نَصِیْرًا ﴿٤٥﴾
تمہارے دشمنوں کو	اور	کافی	اللہ	والی، محافظ	اور	کافی ہے	اللہ	مددگار

خوب جانتا ہے اور حفاظت کے لئے اللہ ہی کافی ہے اور اللہ ہی کافی مددگار ہے ○

مِنَ الَّذِیْنَ هَادُوْا یُحَرِّفُوْنَ الْكَلِمَ عَنْ مَّوَاضِعِهٖ

مِنَ	الَّذِیْنَ	هَادُوْا (2)	یُحَرِّفُوْنَ	الْكَلِمَ	عَنْ	مَّوَاضِعِهٖ
سے	ان لوگوں سے جو	یہودی ہوئے	بدل دیتے ہیں	کلمات (کو)	سے	ان کی جگہوں

یہودیوں میں کچھ وہ ہیں جو کلمات کو ان کی جگہ سے بدل دیتے ہیں

وَیَقُوْلُوْنَ سَمِعْنَا وَعَصَیْنَا وَاسْمَعْ غَیْرَ مُسْمَعٍ وَّ

وَ	یَقُوْلُوْنَ	سَمِعْنَا	وَ	عَصَیْنَا	وَ	اسْمَعْ	غَیْرَ مُسْمَعٍ	وَّ
اور	کہتے ہیں	ہم نے سنا	اور	ہم نے نافرمانی کی	اور	آپ سنیں	نہ سنایا جائے	اور

اور کہتے ہیں: ہم نے سنا اور مانا نہیں اور آپ سنیں، آپ کو نہ سنایا جائے اور

عنوان: اللہ تعالیٰ مسلمانوں کا حامی و ناصر ہے — یہودیوں کی بری عادتیں اور ایمان نہ لانے پر شدید وعید

1 ..... یقیناً اللہ عَزَّوَجَلَّ ہم سے زیادہ ہمارے دشمنوں کو جانتا ہے لہٰذا جسے وہ دشمن فرمادے وہ یقیناً ہمارا دشمن ہے جیسے شیطان اور کفار و منافقین۔

2 ..... اس آیت میں یہودیوں کی بری عادتوں کا بیان ہے نیز بارگاہِ رسالت صَلَّی اللّٰہُ تَعَالٰی عَلَیْہِ وَاٰلِہٖ وَسَلَّم کا ایک ادب بھی بیان کیا گیا ہے۔

رَاعِنَا لَيًّا بِاَلْسِنَتِهِمْ وَطَعْنًا فِي

رَاعِنَا	لَيًّا	بِاَلْسِنَتِهِمْ	وَ	طَعْنًا	فِي
(کہتے ہیں) راعنا	موڑتے ہوئے، پھیر کر	اپنی زبانوں کو	اور	طعنہ دینے (کے لئے)	میں

"راعنا" کہتے ہیں زبانیں مروڑ کر اور دین میں طعنہ کے لئے،

الدِّيْنِ ؕ وَلَوْ اَنَّهُمْ قَالُوْا سَمِعْنَا وَاَطَعْنَا وَ

الدِّيْنِ	وَ	لَوْ	اَنَّهُمْ	قَالُوْا	سَمِعْنَا	وَ	اَطَعْنَا	وَ
دین	اور	اگر	بیشک وہ	کہتے	ہم نے سنا	اور	ہم نے اطاعت کی	اور

اور اگر وہ کہتے کہ ہم نے سنا اور مانا اور

اسْمَعْ وَانْظُرْنَا لَكَانَ خَيْرًا لَّهُمْ

اسْمَعْ	وَ	انْظُرْنَا	لَكَانَ	خَيْرًا	لَّهُمْ
آپ (ہماری بات) سنیں	اور	نظر فرمائیں ہماری طرف	ضرور یہ ہوتا	بہتر	ان کے لئے

حضور ہماری بات سنیں اور ہم پر نظر فرمائیں تو یہ ان کے لئے بہتر

وَاَقْوَمَ ۙ وَلٰكِنْ لَّعَنَهُمُ اللّٰهُ بِكُفْرِهِمْ

وَ	اَقْوَمَ	وَ	لٰكِنْ	لَّعَنَهُمُ	اللّٰهُ	بِكُفْرِهِمْ
اور	زیادہ درست (ہوتا)	اور	لیکن	لعنت فرمائی ان پر	اللہ (نے)	ان کے کفر کے سبب

اور زیادہ درست ہوتا لیکن ان پر تو اللہ نے ان کے کفر کی وجہ سے لعنت کر دی

فَلَا يُؤْمِنُوْنَ اِلَّا قَلِيْلًا ﴿۴۶﴾ يٰۤاَيُّهَا الَّذِيْنَ اُوْتُوا الْكِتٰبَ

فَلَا يُؤْمِنُوْنَ	اِلَّا	قَلِيْلًا ﴿۴۶﴾	يٰۤاَيُّهَا	الَّذِيْنَ	اُوْتُوا (1)	الْكِتٰبَ
تو وہ ایمان نہیں لائیں گے	مگر	تھوڑے	اے	وہ لوگو جو (جنہیں)	دی گئی	کتاب

تو وہ بہت تھوڑا یقین رکھتے ہیں ○ اے کتاب والو!

(1)...... اس آیت میں ایمان نہ لانے کی صورت میں یہودیوں کے لئے چہرے بگاڑ دیئے جانے اور ان پر لعنت کی جانے کی وعید بیان کی گئی ہے۔ بعض مفسرین نے فرمایا کہ یہ وعید دنیا کے اعتبار سے ہے جبکہ بعض نے اسے آخرت کے اعتبار سے قرار دیا ہے۔ پہلے قول پر بعض مفسرین نے فرمایا کہ چہرے بگڑنے کی یہ وعید اس صورت میں تھی جبکہ یہودیوں میں سے کوئی ایمان نہ لاتا اور چونکہ بہت سے یہودی ایمان لے آئے اِس لئے شرط نہیں پائی گئی اور وعید اُٹھ گئی۔

اٰمِنُوْا بِمَا نَزَّلْنَا مُصَدِّقًا لِّمَا

اٰمِنُوْا	بِمَا	نَزَّلْنَا	مُصَدِّقًا	لِّمَا
ایمان لے آؤ	(اس) پر جو	ہم نے نازل کیا	تصدیق کرنے والا	(اس) کی جو

جو ہم نے تمہارے پاس موجود کتاب کی تصدیق کرنے والا (قرآن) اتارا ہے

مَعَكُمْ مِّنْ قَبْلِ اَنْ نَّطْمِسَ وُجُوْهًا فَنَرُدَّهَا

مَعَكُمْ	مِّنْ	قَبْلِ	اَنْ	نَّطْمِسَ	وُجُوْهًا	فَنَرُدَّهَا
تمہارے ساتھ (ہے)	سے	(اس سے) پہلے	کہ	ہم بگاڑ دیں	چہرے	پھر پھیر دیں انہیں

اُس پر ایمان لے آؤ، اِس سے پہلے کہ ہم چہرے بگاڑ دیں پھر انہیں

عَلٰۤى اَدْبَارِهَاۤ اَوْ نَلْعَنَهُمْ كَمَا لَعَنَّاۤ

عَلٰۤى	اَدْبَارِهَاۤ	اَوْ	نَلْعَنَهُمْ	كَمَا	لَعَنَّاۤ
پر (کی طرف)	ان کی پشتوں	یا	ہم لعنت کریں ان پر	جیسے	ہم نے لعنت کی

ان کی پیٹھ کی صورت پھیر دیں یا ان پر بھی ایسے ہی لعنت کریں جیسے ہفتے والوں پر

اَصْحٰبَ السَّبْتِؕ وَ كَانَ اَمْرُ اللّٰهِ مَفْعُوْلًا ﴿۴۷﴾ اِنَّ اللّٰهَ لَا یَغْفِرُ اَنْ

اَصْحٰبَ السَّبْتِ	وَ	كَانَ	اَمْرُ اللّٰهِ	مَفْعُوْلًا ﴿۴۷﴾	اِنَّ	اللّٰهَ	لَا یَغْفِرُ(1)	اَنْ
ہفتہ والوں (پر)	اور	ہوتا ہے	اللہ کا حکم	پورا ہونے والا	بیشک	اللہ	نہیں بخشے گا	کہ

لعنت کی تھی اور اللہ کا حکم ہو کر ہی رہتا ہے ○ بیشک اللہ اس بات کو نہیں بخشتا کہ

یُّشْرَكَ بِهٖ وَ یَغْفِرُ مَا دُوْنَ ذٰلِكَ

یُّشْرَكَ	بِهٖ	وَ	یَغْفِرُ	مَا	دُوْنَ ذٰلِكَ
شریک کیا جائے (کسی کو)	اس کے ساتھ	اور	بخش دے گا	جو	اس کے علاوہ (ہے)

اس کے ساتھ شرک کیا جائے اور اس سے نیچے جو کچھ ہے جسے چاہتا ہے

عنوان بروزِ قیامت شرک کے علاوہ ہر گناہ بخشے جانے کا امکان ہے

(1)...... جو حالتِ کفر میں مرا اس کی کبھی بخشش نہ ہوگی اور جس نے کفر نہ کیا ہو وہ خواہ کتنا ہی گنہگار ہو تب بھی اُس کے لئے جہنم میں ہمیشہ کا داخلہ نہیں ہوگا بلکہ اُس کی مغفرت اللہ عَزَّوَجَلَّ کی مشیت (یعنی اس کے چاہنے) پر موقوف ہے، چاہے تو اللہ تعالیٰ معاف فرما دے اور چاہے تو گناہوں پر کچھ عذاب دینے کے بعد جنت میں داخل فرما دے۔

لِمَنْ يَّشَآءُ ج وَمَنْ يُّشْرِكْ بِاللّٰهِ فَقَدِ افْتَرٰٓى

لِمَنْ	يَّشَآءُ(1)	وَ	مَنْ	يُّشْرِكْ	بِاللّٰهِ	فَقَدِ	افْتَرٰٓى
جس کے لئے	وہ چاہے	اور	جو	شریک ٹھہرائے	اللہ کا	تو بیشک	اس نے بہتان باندھا

معاف فرما دیتا ہے اور جس نے اللہ کا شریک ٹھہرایا تو بیشک اس نے بہت بڑے گناہ کا

اِثْمًا عَظِيْمًا ﴿٤٨﴾ اَلَمْ تَرَ اِلَى الَّذِيْنَ يُزَكُّوْنَ

اِثْمًا	عَظِيْمًا ﴿٤٨﴾	اَلَمْ تَرَ	اِلَى	الَّذِيْنَ	يُزَكُّوْنَ(2)
گناہ (کا)	بہت بڑے	کیا تم نے نہ دیکھا	کی طرف	ان لوگوں کی جو	پاکیزگی بیان کرتے ہیں

بہتان باندھا ○ کیا تم نے ان لوگوں کو نہیں دیکھا جو خود اپنی پاکیزگی

اَنْفُسَهُمْ ط بَلِ اللّٰهُ يُزَكِّيْ مَنْ يَّشَآءُ وَلَا يُظْلَمُوْنَ

اَنْفُسَهُمْ	بَلِ	اللّٰهُ	يُزَكِّيْ	مَنْ	يَّشَآءُ	وَ	لَا يُظْلَمُوْنَ
اپنی جانوں (کی)	بلکہ	اللہ	پاکیزہ بنا دیتا ہے	جسے	وہ چاہتا ہے	اور	ان پر ظلم نہیں کیا جائے گا

بیان کرتے ہیں بلکہ اللہ جسے چاہتا ہے پاکیزہ بنا دیتا ہے۔ اور ان پر کھجور کے اندر کی جھلی کے برابر بھی

فَتِيْلًا ﴿٤٩﴾ اُنْظُرْ كَيْفَ يَفْتَرُوْنَ عَلَى اللّٰهِ الْكَذِبَ ط وَ

فَتِيْلًا ﴿٤٩﴾	اُنْظُرْ	كَيْفَ	يَفْتَرُوْنَ	عَلَى	اللّٰهِ	الْكَذِبَ	وَ
باریک دھاگے (جتنا بھی)	تم دیکھو	کیسے	وہ بہتان باندھتے ہیں	پر	اللہ	جھوٹ	اور

ظلم نہیں کیا جائے گا ○ دیکھو یہ اللہ پر کیسے جھوٹ باندھ رہے ہیں اور

كَفٰى بِهٖٓ اِثْمًا مُّبِيْنًا ع ﴿٥٠﴾ اَلَمْ تَرَ اِلَى

كَفٰى	بِهٖٓ	اِثْمًا	مُّبِيْنًا ﴿٥٠﴾	اَلَمْ تَرَ	اِلَى
کافی ہے	وہ (جھوٹ)	گناہ	کھلا	کیا تم نے نہ دیکھا	کی طرف

کھلے گناہ کے لئے یہی جھوٹ کافی ہے ○ کیا تم نے ان لوگوں کو نہ دیکھا

عنوان: شرک بہت بڑا بہتان ہے | خود پسندی کی مذمت | عداوتِ رسول میں یہودیوں کا بتوں کی پوجا کرنا

(1) ...... قیامت کے دن کفر کے علاوہ ہر گناہ کی بخشش کا امکان ضرور ہے مگر اس امید پر گناہوں میں پڑنا بہت خطرناک ہے بلکہ بعض صورتوں میں گناہ کو ہلکا سمجھنا خود کفر ہو جائے گا۔ کتنا کریم ہے وہ خدا عَزَّوَجَلَّ جو لاکھوں گناہ کرنے والے بندے کو معافی کی امید دلا رہا ہے اور کتنا گھٹیا ہے وہ بندہ جو ایسے کریم کے کرم و رحمت پر دل و جان سے قربان ہو کر اس کی بندگی میں لگنے کی بجائے اس کی نافرمانیوں پر کمربستہ ہے۔ (2) ...... یہاں خود پسندی کی مذمت کا بیان ہے۔ خود پسندی یہ ہے کہ جسے اللہ تعالیٰ نے اپنے فضل و کرم سے دینی یا دنیاوی کوئی نعمت عطا کی ہو وہ یہ تصور کرے کہ اس نعمت کا ملنا میری ذاتی کاوش کا نتیجہ ہے اور اس پر ناز کرنے لگے۔

اَلَّذِیْنَ اُوْتُوْا نَصِیْبًا مِّنَ الْكِتٰبِ یُؤْمِنُوْنَ بِالْجِبْتِ

اَلَّذِیْنَ	اُوْتُوْا	نَصِیْبًا	مِّنَ	الْكِتٰبِ	یُؤْمِنُوْنَ	بِالْجِبْتِ
ان لوگوں کی جو (جنہیں)	دیا گیا	ایک حصہ	سے	کتاب	وہ ایمان لاتے ہیں	بت پر

جنہیں کتاب کا ایک حصہ ملا وہ بت اور شیطان پر ایمان

وَالطَّاغُوْتِ وَیَقُوْلُوْنَ لِلَّذِیْنَ كَفَرُوْا هٰۤؤُلَآءِ

وَ	الطَّاغُوْتِ (1)	وَ	یَقُوْلُوْنَ	لِلَّذِیْنَ	كَفَرُوْا	هٰۤؤُلَآءِ
اور	شیطان (پر)	اور	کہتے ہیں	ان لوگوں کو جو (جنہوں نے)	کفر کیا	یہ لوگ

لاتے ہیں اور کافروں کو کہتے ہیں کہ یہ (مشرک)

اَهْدٰى مِنَ الَّذِیْنَ اٰمَنُوْا سَبِیْلًا ﴿۵۱﴾ اُولٰٓىٕكَ الَّذِیْنَ

اَهْدٰى	مِنَ	الَّذِیْنَ	اٰمَنُوْا	سَبِیْلًا ﴿۵۱﴾	اُولٰٓىٕكَ	الَّذِیْنَ
زیادہ ہدایت والے ہیں	سے	ان لوگوں سے جو	ایمان لائے	راستے (کی)	یہ	وہ لوگ ہیں جو

مسلمانوں سے زیادہ ہدایت یافتہ ہیں ○ یہی وہ لوگ ہیں

لَعَنَهُمُ اللّٰهُ ؕ وَمَنْ یَّلْعَنِ اللّٰهُ فَلَنْ تَجِدَ لَهٗ

لَعَنَهُمُ	اللّٰهُ	وَ	مَنْ	یَّلْعَنِ	اللّٰهُ	فَلَنْ تَجِدَ	لَهٗ
لعنت کی ان پر	اللہ (نے)	اور	جس پر	لعنت کر دے	اللہ	تو تم ہرگز نہ پاؤ گے	اس کے لئے

جن پر اللہ نے لعنت کی اور جس پر اللہ لعنت کر دے تو ہرگز تم اس کے لئے

نَصِیْرًا ﴿۵۲﴾ ؕ اَمْ لَهُمْ نَصِیْبٌ مِّنَ الْمُلْكِ فَاِذًا

نَصِیْرًا ﴿۵۲﴾	اَمْ	لَهُمْ	نَصِیْبٌ	مِّنَ	الْمُلْكِ	فَاِذًا
کوئی مددگار	کیا	ان کے لئے	کچھ حصہ (ہے)	سے	بادشاہی، سلطنت	(ایسا ہو) تو اس وقت

کوئی مددگار نہ پاؤ گے ○ کیا ان کے لئے سلطنت کا کچھ حصہ ہے؟ ایسا ہو تو

عنوان: بتوں کو پوجنے والے یہودیوں پر لعنت | بادشاہت اور نبوت کا حقدار ہونے میں یہودیوں کے دعوے کی تردید

(1) "طاغوت" کا لفظ "طغی" سے بنا ہے جس کا معنیٰ ہے "سرکشی"۔ جو ربّ عَزَّوَجَلَّ سے سرکش ہو اور دوسروں کو سرکش بنائے وہ طاغوت ہے خواہ شیطان ہو یا انسان۔ چونکہ طاغوت کے لفظ میں سرکشی کا مادہ موجود ہے اس لئے مقربین بارگاہِ الٰہی کیلئے یہ لفظ ہرگز استعمال نہیں ہو سکتا بلکہ جو اُن کیلئے یہ لفظ استعمال کرے وہ خود "طاغوت" ہے۔

لَا يُؤْتُوْنَ النَّاسَ نَقِيْرًا ﴿۵۳﴾ اَمْ يَحْسُدُوْنَ النَّاسَ عَلٰى

لَا يُؤْتُوْنَ	النَّاسَ	نَقِيْرًا ﴿۵۳﴾	اَمْ	يَحْسُدُوْنَ (1)	النَّاسَ	عَلٰى
وہ نہیں دیں گے	لوگوں (کو)	تل برابر	یا (بلکہ)	وہ حسد کرتے ہیں	لوگوں (سے)	(اس) پر

یہ لوگوں کو تل برابر بھی کوئی شے نہ دیتے ○ بلکہ یہ لوگوں سے اس چیز پر حسد کرتے ہیں

مَآ اٰتٰىهُمُ اللّٰهُ مِنْ فَضْلِهٖ ۚ فَقَدْ اٰتَيْنَآ

مَآ	اٰتٰىهُمُ	اللّٰهُ	مِنْ	فَضْلِهٖ	فَقَدْ	اٰتَيْنَآ
جو	عطا کیا انہیں	اللہ (نے)	سے	اپنے فضل	تو بیشک	ہم نے دی

جو اللہ نے انہیں اپنے فضل سے عطا فرمائی ہے پس بیشک ہم نے

اٰلَ اِبْرٰهِيْمَ الْكِتٰبَ وَالْحِكْمَةَ وَاٰتَيْنٰهُمْ مُّلْكًا عَظِيْمًا ﴿۵۴﴾

اٰلَ اِبْرٰهِيْمَ	الْكِتٰبَ	وَ	الْحِكْمَةَ	وَ	اٰتَيْنٰهُمْ	مُّلْكًا	عَظِيْمًا ﴿۵۴﴾
ابراہیم کی اولاد (کو)	کتاب	اور	حکمت	اور	ہم نے دی انہیں	سلطنت	بہت بڑی

ابراہیم کی اولاد کو کتاب اور حکمت عطا فرمائی اور انہیں بہت بڑی سلطنت دی ○

فَمِنْهُمْ مَّنْ اٰمَنَ بِهٖ وَمِنْهُمْ مَّنْ

فَمِنْهُمْ	مَّنْ	اٰمَنَ	بِهٖ	وَ	مِنْهُمْ	مَّنْ
پھر ان میں سے	(کوئی وہ ہے) جو	ایمان لایا	اس پر	اور	ان میں سے	(کوئی وہ ہے) جو

پھر ان میں کوئی تو اس پر ایمان لے آیا اور کسی نے

صَدَّ عَنْهُ ؕ وَكَفٰى بِجَهَنَّمَ سَعِيْرًا ﴿۵۵﴾ اِنَّ

صَدَّ	عَنْهُ	وَ	كَفٰى	بِجَهَنَّمَ	سَعِيْرًا ﴿۵۵﴾	اِنَّ
رک گیا، منہ پھیر گیا	اس سے	اور	کافی ہے	جہنم	بھڑکتی آگ	بیشک

اس سے منہ پھیرا اور عذاب کے لئے جہنم کافی ہے ○ بیشک

عنوان: یہودیوں کا حسد | ایمان لانے اور نہ لانے میں یہودیوں کا حال | کافروں کے سخت عذاب اور عذابِ جہنم کی شدت کا بیان

(1)..... اس آیت میں یہودیوں کے اصل مرض کو بیان فرمایا کہ حقیقت حال یہ ہے کہ اللہ تعالیٰ نے اپنے حبیب صَلَّی اللّٰہُ تَعَالٰی عَلَیْہِ وَاٰلِہٖ وَسَلَّم کو جو نبوت عطا فرمائی اور ان کے ساتھ ان کے غلاموں کو جو نصرت، غلبہ، عزت وغیرہ نعمتیں عطا فرمائی ہیں ان پر یہ لوگ نبی اکرم صَلَّی اللّٰہُ تَعَالٰی عَلَیْہِ وَاٰلِہٖ وَسَلَّم اور اہل ایمان سے حسد کرتے ہیں اور یہودیوں کا یہ فعل سراسر حماقت ہے۔

اَلَّذِیْنَ كَفَرُوْا بِاٰیٰتِنَا سَوْفَ نُصْلِیْهِمْ نَارًا ؕ				
اَلَّذِیْنَ	كَفَرُوْا	بِاٰیٰتِنَا	سَوْفَ نُصْلِیْهِمْ	نَارًا
وہ لوگ جو (جنہوں نے)	انکار کیا	ہماری آیتوں کا	عنقریب ہم داخل کریں گے انہیں	آگ (میں)
وہ لوگ جنہوں نے ہماری آیتوں کا انکار کیا عنقریب ہم ان کو آگ میں داخل کریں گے۔				

كُلَّمَا نَضِجَتْ جُلُوْدُهُمْ بَدَّلْنٰهُمْ جُلُوْدًا غَیْرَهَا				
كُلَّمَا	نَضِجَتْ (1)	جُلُوْدُهُمْ	بَدَّلْنٰهُمْ	جُلُوْدًا غَیْرَهَا
جب کبھی	خوب جل جائیں گی	ان کی کھالیں	ہم بدل دیں گے انہیں	اس کے علاوہ کھالوں (سے)
جب کبھی ان کی کھالیں خوب جل جائیں گی تو ہم ان کی کھالوں کو دوسری کھالوں				

لِیَذُوْقُوا الْعَذَابَ ؕ اِنَّ اللّٰهَ كَانَ عَزِیْزًا حَكِیْمًا ﴿٥٦﴾						
لِیَذُوْقُوا	الْعَذَابَ	اِنَّ	اللّٰهَ	كَانَ	عَزِیْزًا	حَكِیْمًا ﴿٥٦﴾
تاکہ وہ مزہ چکھ لیں	عذاب (کا)	بیشک	اللہ	ہے	زبردست	حکمت والا
سے بدل دیں گے کہ عذاب کا مزہ چکھ لیں۔ بیشک اللہ زبردست ہے، حکمت والا ہے ○						

وَالَّذِیْنَ اٰمَنُوْا وَعَمِلُوا الصّٰلِحٰتِ سَنُدْخِلُهُمْ						
وَ	الَّذِیْنَ	اٰمَنُوْا	وَ	عَمِلُوا	الصّٰلِحٰتِ	سَنُدْخِلُهُمْ
اور	وہ لوگ جو	ایمان لائے	اور	عمل کئے	نیک	عنقریب ہم داخل کریں گے انہیں
اور وہ لوگ جو ایمان لائے اور انہوں نے اچھے عمل کئے عنقریب ہم اُنہیں اُن باغوں میں داخل کریں گے						

جَنّٰتٍ تَجْرِیْ مِنْ تَحْتِهَا الْاَنْهٰرُ خٰلِدِیْنَ فِیْهَاۤ اَبَدًا ؕ							
جَنّٰتٍ	تَجْرِیْ	مِنْ	تَحْتِهَا	الْاَنْهٰرُ	خٰلِدِیْنَ	فِیْهَاۤ	اَبَدًا
باغوں (میں)	بہتی ہیں	سے	ان کے نیچے	نہریں	ہمیشہ رہنے والے	ان (باغوں) میں	ہمیشہ
جن کے نیچے نہریں جاری ہیں (وہ) ان میں ہمیشہ رہیں گے،							

عنوان باعمل مسلمانوں کو جنت اور اس کی نعمتوں کی بشارت

1 ...... یہاں کافروں کے سخت عذاب اور عذابِ جہنم کی شدت کا بیان ہے کہ جہنم میں ایسا نہیں ہو گا کہ عذاب کی وجہ سے جل کر آدمی چھوٹ جائے بلکہ عذاب ہوتا رہے گا، کھالیں جلتی رہیں گی اور اللہ تعالیٰ نئی کھالیں پیدا فرماتا رہے گا تاکہ عذاب کی شدت میں کمی نہ آئے۔ یہ ایسے ہی ہو گا جیسے دنیا میں کسی کی کھال جل جائے تو کچھ عرصے بعد صحیح ہو جاتی ہے۔

لَهُمْ فِیْهَاۤ اَزْوَاجٌ مُّطَهَّرَةٌ٘ وَّ نُدْخِلُهُمْ ظِلًّا						
لَهُمْ	فِیْهَاۤ	اَزْوَاجٌ	مُّطَهَّرَةٌ	وَّ	نُدْخِلُهُمْ	ظِلًّا
ان کے لئے	ان میں	بیویاں	پاکیزہ	اور	ہم داخل کریں گے انہیں	سائے (میں)
ان کے لیے وہاں پاکیزہ بیویاں ہیں اور ہم انہیں وہاں داخل کریں گے جہاں سایہ ہی						

ظَلِیْلًا ۝٥٧ اِنَّ اللّٰهَ یَاْمُرُكُمْ اَنْ تُؤَدُّوا الْاَمٰنٰتِ اِلٰۤى							
ظَلِیْلًا ۝٥٧	اِنَّ	اللّٰهَ	یَاْمُرُكُمْ (1)	اَنْ	تُؤَدُّوا	الْاَمٰنٰتِ	اِلٰۤى
گھنا سایہ	بیشک	اللہ	حکم دیتا ہے تمہیں	کہ	تم ادا کردو، سپرد کردو	امانتیں	کی طرف
سایہ ہوگا ○ بیشک اللہ تمہیں حکم دیتا ہے کہ امانتیں جن کی ہیں ان کے							

اَهْلِهَاۙ وَ اِذَا حَكَمْتُمْ بَیْنَ النَّاسِ اَنْ تَحْكُمُوْا						
اَهْلِهَا	وَ	اِذَا	حَكَمْتُمْ	بَیْنَ النَّاسِ	اَنْ	تَحْكُمُوْا
ان کے اہل (امانت والوں)	اور	جب	تم فیصلہ کرو	لوگوں کے درمیان	کہ	فیصلہ کرو
سپرد کرو اور یہ کہ جب تم لوگوں میں فیصلہ کرو تو انصاف کے ساتھ						

بِالْعَدْلِؕ اِنَّ اللّٰهَ نِعِمَّا یَعِظُكُمْ بِهٖؕ اِنَّ						
بِالْعَدْلِ	اِنَّ	اللّٰهَ	نِعِمَّا	یَعِظُكُمْ	بِهٖ	اِنَّ
انصاف کے ساتھ	بیشک	اللہ	کیا ہی خوب	نصیحت فرماتا ہے تمہیں	اس کی	بیشک
فیصلہ کرو بیشک اللہ تمہیں کیا ہی خوب نصیحت فرماتا ہے، بیشک						

اللّٰهَ كَانَ سَمِیْعًۢا بَصِیْرًا ۝٥٨ یٰۤاَیُّهَا الَّذِیْنَ اٰمَنُوْۤا اَطِیْعُوا اللّٰهَ								
اللّٰهَ	كَانَ	سَمِیْعًا	بَصِیْرًا ۝٥٨	یٰۤاَیُّهَا	الَّذِیْنَ	اٰمَنُوْۤا	اَطِیْعُوا	اللّٰهَ
اللہ	ہے	سننے والا	دیکھنے والا	اے	وہ لوگو جو	ایمان لائے	اطاعت کرو	اللہ (کی)
اللہ سننے والا، دیکھنے والا ہے ○ اے ایمان والو! اللہ کی اطاعت کرو								

عنوان: امانت کی ادائیگی اور انصاف کے ساتھ فیصلہ کرنے کا حکم — اطاعتِ رسول اور اطاعتِ امیر کا حکم

1 ...... یہاں آیت میں دو حکم بیان کئے گئے ہیں۔ (1) لوگوں کو ان کی امانتیں لوٹا دو۔ (2) جب فیصلہ کرو تو انصاف کے ساتھ کرو۔ یہ دونوں حکم اسلامی تعلیمات کے شاہکار ہیں اور امن و امان کے قیام اور حقوق کی ادائیگی میں مرکزی حیثیت رکھتے ہیں۔

وَ اَطِیْعُوا الرَّسُوْلَ وَ اُولِی الْاَمْرِ مِنْكُمْ ۚ فَاِنْ

وَ	اَطِیْعُوا	الرَّسُوْلَ	وَ	اُولِی الْاَمْرِ (1)	مِنْكُمْ	فَاِنْ
اور	اطاعت کرو	رسول (کی)	اور	حکومت والوں (کی)	اپنے میں سے	پھر اگر

اور رسول کی اطاعت کرو اور ان کی جو تم میں سے حکومت والے ہیں۔ پھر اگر

تَنَازَعْتُمْ فِیْ شَیْءٍ فَرُدُّوْهُ اِلَى اللّٰهِ وَ الرَّسُوْلِ

تَنَازَعْتُمْ	فِیْ	شَیْءٍ	فَرُدُّوْهُ	اِلَى	اللّٰهِ	وَ	الرَّسُوْلِ
تمہارا آپس میں اختلاف ہو جائے	میں	کسی چیز	تو پھیر دو اسے	کی طرف	اللہ	اور	رسول

کسی بات میں تمہارا اختلاف ہو جائے تو اگر اللہ اور آخرت کے دن پر

اِنْ كُنْتُمْ تُؤْمِنُوْنَ بِاللّٰهِ وَ الْیَوْمِ الْاٰخِرِ ؕ ذٰلِكَ خَیْرٌ وَّ

اِنْ	كُنْتُمْ تُؤْمِنُوْنَ	بِاللّٰهِ	وَ	الْیَوْمِ	الْاٰخِرِ	ذٰلِكَ	خَیْرٌ	وَّ
اگر	تم ایمان رکھتے ہو	اللہ پر	اور	دن، روز	آخرت (پر)	یہ	بہتر	اور

ایمان رکھتے ہو تو اس بات کو اللہ اور رسول کی بارگاہ میں پیش کرو۔ یہ بہتر ہے اور

اَحْسَنُ تَاْوِیْلًا ۝٥٩ اَلَمْ تَرَ اِلَى الَّذِیْنَ یَزْعُمُوْنَ

اَحْسَنُ	تَاْوِیْلًا ۝٥٩	اَلَمْ تَرَ	اِلَى	الَّذِیْنَ	یَزْعُمُوْنَ
سب سے اچھا	انجام (میں)	کیا تم نے نہ دیکھا	کی طرف	ان لوگوں کی جو	دعویٰ کرتے ہیں

اس کا انجام سب سے اچھا ہے ○ کیا تم نے ان لوگوں کو نہیں دیکھا جن کا دعویٰ ہے

اَنَّهُمْ اٰمَنُوْا بِمَاۤ اُنْزِلَ اِلَیْكَ وَ مَاۤ اُنْزِلَ مِنْ

اَنَّهُمْ	اٰمَنُوْا	بِمَاۤ	اُنْزِلَ	اِلَیْكَ	وَ	مَاۤ	اُنْزِلَ	مِنْ
کہ وہ	ایمان لائے	(اس) پر جو	نازل کیا گیا	تمہاری طرف	اور	جو	نازل کیا گیا	سے

کہ وہ اُس پر ایمان لے آئے ہیں جو تمہاری طرف نازل کیا گیا اور جو تم سے پہلے

عنوان: اختلافی بات قرآن وسنت پر پیش کی جائے | جھگڑے کا فیصلہ کروانے میں منافقوں کا حال

(1) اُولِی الْاَمْر میں امام، امیر، بادشاہ، حاکم، قاضی، علماء سب داخل ہیں۔

قَبْلِكَ يُرِيْدُوْنَ اَنْ يَّتَحَاكَمُوْٓا اِلَى الطَّاغُوْتِ

قَبْلِكَ	يُرِيْدُوْنَ	اَنْ	يَّتَحَاكَمُوْٓا	اِلَى	الطَّاغُوْتِ(1)
تم سے پہلے	وہ چاہتے ہیں	کہ	باہمی جھگڑے کے فیصلے لے جائیں	کی طرف (کے پاس)	شیطان

نازل کیا گیا، وہ چاہتے ہیں کہ فیصلے شیطان کے پاس لے جائیں

وَقَدْ اُمِرُوْٓا اَنْ يَّكْفُرُوْا بِهٖ ؕ وَيُرِيْدُ

وَ	قَدْ	اُمِرُوْٓا	اَنْ	يَّكْفُرُوْا	بِهٖ	وَ	يُرِيْدُ
اور (حالانکہ)	تحقیق	انہیں حکم دیا گیا (تھا)	کہ	وہ انکار کریں	اس کا	اور	چاہتا ہے

حالانکہ انہیں تو یہ حکم دیا گیا تھا کہ اسے بالکل نہ مانیں اور شیطان یہ

الشَّيْطٰنُ اَنْ يُّضِلَّهُمْ ضَلٰلًاۢ بَعِيْدًا ﴿٦٠﴾ وَاِذَا قِيْلَ لَهُمْ

الشَّيْطٰنُ	اَنْ	يُّضِلَّهُمْ	ضَلٰلًاۢ بَعِيْدًا ﴿٦٠﴾	وَ	اِذَا	قِيْلَ	لَهُمْ
شیطان	کہ	بھٹکاتا رہے انہیں	دور کی گمراہی (میں)	اور	جب	کہا جائے	ان سے

چاہتا ہے کہ انہیں دور کی گمراہی میں بھٹکاتا رہے ○ اور جب ان سے کہا جائے

تَعَالَوْا اِلٰى مَآ اَنْزَلَ اللّٰهُ وَاِلَى الرَّسُوْلِ

تَعَالَوْا	اِلٰى	مَآ	اَنْزَلَ	اللّٰهُ	وَ	اِلَى	الرَّسُوْلِ
آؤ	(اس) کی طرف	جو	نازل فرمایا	اللہ (نے)	اور	کی طرف	رسول

کہ اللہ کی اتاری ہوئی کتاب اور رسول کی طرف آؤ

رَاَيْتَ الْمُنٰفِقِيْنَ يَصُدُّوْنَ عَنْكَ صُدُوْدًا ﴿٦١﴾ ج فَكَيْفَ اِذَآ

رَاَيْتَ	الْمُنٰفِقِيْنَ	يَصُدُّوْنَ	عَنْكَ	صُدُوْدًا ﴿٦١﴾	فَكَيْفَ	اِذَآ
(تو) تم دیکھو گے	منافقوں (کو)	پھر جاتے ہیں	تم سے	منہ پھیرنا	تو کیسا (حال ہوگا)	جب

تو تم دیکھو گے کہ منافق تم سے منہ موڑ کر پھر جاتے ہیں ○ تو کیسی (حالت) ہوگی جب

عنوان: منافقوں کا قرآن اور رسول کریم صَلَّی اللّٰہُ تَعَالٰی عَلَیْہِ وَاٰلِہٖ وَسَلَّم سے منہ پھیرنا | منافقوں کا قسمیں کھا کر اپنے کرتوتوں کی تاویلیں کرنا

(1) یہاں طاغوت سے مراد کعب بن اشرف یہودی ہے جس کے پاس ایک منافق ایک یہودی کے ساتھ ہونے والے اپنے جھگڑے کا فیصلہ کروانے کے لئے جانا چاہتا تھا۔ اس واقعے کی تفصیل جاننے کے لئے تفسیر صراط الجنان، ج ۲، ص ۲۳۱ کا مطالعہ فرمائیں۔

اَصَابَتْهُمْ مُّصِيْبَةٌۢ بِمَا قَدَّمَتْ اَيْدِيْهِمْ ثُمَّ					
اَصَابَتْهُمْ	مُّصِيْبَةٌۢ	بِمَا	قَدَّمَتْ	اَيْدِيْهِمْ	ثُمَّ
پہنچے گی انہیں	کوئی مصیبت	(اس کے) سبب جو	آگے بھیجا	ان کے ہاتھوں (نے)	پھر
ان پر ان کے اپنے اعمال کی وجہ سے کوئی مصیبت آپڑے پھر					

جَآءُوْكَ يَحْلِفُوْنَ ۖ بِاللّٰهِ اِنْ اَرَدْنَآ اِلَّآ اِحْسَانًا						
جَآءُوْكَ	يَحْلِفُوْنَ	بِاللّٰهِ	اِنْ	اَرَدْنَآ	اِلَّآ	اِحْسَانًا
حاضر ہوں تمہارے پاس	قسم کھاتے ہوئے	اللہ کی	(کہ) نہیں	ہم نے ارادہ کیا	مگر	بھلائی
اے حبیب! قسمیں کھاتے ہوئے تمہارے حضور حاضر ہوتے ہیں کہ ہمارا مقصد تو صرف بھلائی						

وَّتَوْفِيْقًا ﴿٦٢﴾ اُولٰٓئِكَ الَّذِيْنَ يَعْلَمُ اللّٰهُ مَا فِيْ قُلُوْبِهِمْ ۗ								
وَّ	تَوْفِيْقًا ﴿٦٢﴾	اُولٰٓئِكَ	الَّذِيْنَ	يَعْلَمُ	اللّٰهُ	مَا	فِيْ	قُلُوْبِهِمْ
اور	اتفاق کرانے (کا)	یہ	وہ لوگ ہیں جو	جانتا ہے	اللہ	جو	میں	ان کے دلوں
اور اتفاق کرانا تھا○ ان کے دلوں کی بات تو اللہ جانتا ہے								

فَاَعْرِضْ عَنْهُمْ وَعِظْهُمْ وَقُلْ لَّهُمْ						
فَاَعْرِضْ	عَنْهُمْ	وَ	عِظْهُمْ	وَ	قُلْ	لَّهُمْ
تو منہ پھیر لو، چشم پوشی کرو	ان سے	اور	نصیحت کردو انہیں	اور	کہتے رہو	ان سے
پس تم ان سے چشم پوشی کرتے رہو اور انہیں سمجھاتے رہو اور ان کے بارے میں						

فِيْٓ اَنْفُسِهِمْ قَوْلًا بَلِيْغًا ﴿٦٣﴾ وَمَآ اَرْسَلْنَا مِنْ رَّسُوْلٍ							
فِيْٓ	اَنْفُسِهِمْ	قَوْلًا	بَلِيْغًا ﴿٦٣﴾	وَ	مَآ اَرْسَلْنَا(1)	مِنْ	رَّسُوْلٍ
(کے بارے) میں	ان کی جانوں	بات	مؤثر	اور	ہم نے نہ بھیجا	سے	کوئی رسول
ان سے پُراثر کلام کرتے رہو○ اور ہم نے کوئی رسول نہ بھیجا							

عنوان: منافقوں سے چشم پوشی کرنے اور انہیں سمجھانے کا حکم | رسولوں کی تشریف آوری کا مقصد

(1)...... یہاں رسولوں کی تشریف آوری کا مقصد بیان کیا گیا ہے کہ ان کی آمد کا مقصد یہ ہے کہ اللہ عَزَّوَجَلَّ کے حکم سے ان کی اطاعت کی جائے۔ اسی لئے اللہ تعالیٰ انبیاء و رسل عَلَيْهِمُ الصَّلٰوةُ وَالسَّلَام کو معصوم بناتا ہے کیونکہ اگر انبیاء عَلَيْهِمُ الصَّلٰوةُ وَالسَّلَام خود گناہوں کے مرتکب ہوں گے تو دوسرے ان کی اطاعت و اتباع کیا کریں گے۔

اِلَّا لِيُطَاعَ بِاِذْنِ اللّٰهِ ؕ وَلَوْ اَنَّهُمْ اِذْ

اِلَّا	لِيُطَاعَ	بِاِذْنِ اللّٰهِ	وَ	لَوْ	اَنَّهُمْ	اِذْ
مگر	اس لئے کہ اس کی اطاعت کی جائے	اللہ کے حکم سے	اور	اگر	بیشک وہ	جب

مگر اس لئے کہ اللہ کے حکم سے اس کی اطاعت کی جائے اور اگر جب وہ

ظَّلَمُوْۤا اَنْفُسَهُمْ جَآءُوْكَ فَاسْتَغْفَرُوا اللّٰهَ

ظَّلَمُوْۤا	اَنْفُسَهُمْ	جَآءُوْكَ	فَاسْتَغْفَرُوا	اللّٰهَ
ظلم کر بیٹھے	اپنی جانوں (پر)	(تو) حاضر ہو جاتے تمہارے پاس	پھر مغفرت طلب کرتے	اللہ (سے)

اپنی جانوں پر ظلم کر بیٹھے تھے تو اے حبیب! تمہاری بارگاہ میں حاضر ہو جاتے پھر اللہ سے معافی مانگتے

وَاسْتَغْفَرَ لَهُمُ الرَّسُوْلُ لَوَجَدُوا اللّٰهَ

وَ	اسْتَغْفَرَ	لَهُمُ	الرَّسُوْلُ	لَوَجَدُوا (1)	اللّٰهَ
اور	مغفرت کی دعا کرتا	ان کے لئے	رسول (بھی)	(تو) ضرور پاتے	اللہ (کو)

اور رسول (بھی) ان کی مغفرت کی دعا فرماتے تو ضرور اللہ کو

تَوَّابًا رَّحِيْمًا ﴿٦٤﴾ فَلَا وَرَبِّكَ لَا يُؤْمِنُوْنَ حَتّٰى

تَوَّابًا	رَّحِيْمًا ﴿٦٤﴾	فَلَا وَرَبِّكَ	لَا يُؤْمِنُوْنَ	حَتّٰى
بہت توبہ قبول کرنے والا	مہربان	تو تمہارے رب کی قسم	وہ مسلمان نہ ہوں گے	یہاں تک کہ

بہت توبہ قبول کرنے والا، مہربان پاتے ○ تو اے حبیب! تمہارے رب کی قسم،

يُحَكِّمُوْكَ فِيْمَا شَجَرَ بَيْنَهُمْ ثُمَّ لَا يَجِدُوْا فِيْۤ

يُحَكِّمُوْكَ (2)	فِيْمَا	شَجَرَ	بَيْنَهُمْ	ثُمَّ	لَا يَجِدُوْا	فِيْۤ
حاکم بنالیں تمہیں	(اس) میں جو	جھگڑا ہوا	ان کے درمیان	پھر	وہ نہ پائیں	میں

یہ لوگ مسلمان نہ ہوں گے جب تک اپنے آپس کے جھگڑے میں تمہیں حاکم نہ بنالیں پھر جو کچھ تم حکم فرمادو

عنوان: بارگاہِ رسالت میں حاضر ہو کر گناہوں کی معافی چاہنے کا حکم — نبی کریم صَلَّى اللهُ تَعَالٰى عَلَيْهِ وَاٰلِهٖ وَسَلَّم کے حکم کو تسلیم کرنا فرض قطعی ہے

(1)...... اس آیت سے معلوم ہوا کہ حضور صَلَّى اللهُ تَعَالٰى عَلَيْهِ وَاٰلِهٖ وَسَلَّم کی بارگاہ میں حاضری توبہ کی قبولیت اور عذاب کی دوری کا سبب ہے۔ حضور اقدس صَلَّى اللهُ تَعَالٰى عَلَيْهِ وَاٰلِهٖ وَسَلَّم کی ظاہری حیات میں حاضر ہونا تو ظاہر تھا اور اب آپ کے مزارِ پرانوار پر حاضر ہونا آپ کی بارگاہ میں حاضر ہونا ہے اور جسے یہ بھی میسر نہ ہو تو وہ دل سے حضور پرنور صَلَّى اللهُ تَعَالٰى عَلَيْهِ وَاٰلِهٖ وَسَلَّم کی طرف توجہ اور آپ سے توسل، فریاد، استغاثہ اور طلب شفاعت کرے۔

(2)...... اللہ تعالیٰ حاکم ہے اور یہاں حضور صَلَّى اللهُ تَعَالٰى عَلَيْهِ وَاٰلِهٖ وَسَلَّم کو بھی حاکم فرمایا گیا۔ اس سے معلوم ہوا کہ بہت سی صفات جو اللہ تعالیٰ کیلئے استعمال ہوتی=

اَنْفُسِهِمْ حَرَجًا مِّمَّا قَضَیْتَ وَیُسَلِّمُوْا

اَنْفُسِهِمْ	حَرَجًا	مِّمَّا	قَضَیْتَ	وَ	یُسَلِّمُوْا (1)
اپنی جانوں، دلوں	کوئی حرج، رکاوٹ	(اس) سے جو	تم نے فیصلہ کردیا	اور	دل سے مان لیں

اپنے دلوں میں اس سے کوئی رکاوٹ نہ پائیں اور اچھی طرح دل سے

تَسْلِیْمًا ﴿٦٥﴾ وَلَوْ اَنَّا كَتَبْنَا عَلَیْهِمْ اَنِ اقْتُلُوْۤا

تَسْلِیْمًا ﴿٦٥﴾	وَ	لَوْ	اَنَّا	كَتَبْنَا	عَلَیْهِمْ	اَنِ	اقْتُلُوْۤا
ماننا	اور	اگر	ہم	لکھ دیتے، فرض کردیتے	ان پر	کہ	قتل کردو

مان لیں ○ اور اگر ہم ان پر فرض کردیتے کہ اپنے آپ کو

اَنْفُسَكُمْ اَوِ اخْرُجُوْا مِنْ دِیَارِكُمْ مَّا فَعَلُوْهُ اِلَّا قَلِیْلٌ

اَنْفُسَكُمْ	اَوِ	اخْرُجُوْا	مِنْ	دِیَارِكُمْ	مَّا فَعَلُوْهُ	اِلَّا	قَلِیْلٌ
اپنی جانیں	یا	نکل جاؤ	سے	اپنے گھروں	(تو) وہ نہ کرتے اسے	مگر	تھوڑے

قتل کردو یا اپنے گھربار چھوڑ کر نکل جاؤ تو ان میں تھوڑے ہی

مِّنْهُمْ ؕ وَلَوْ اَنَّهُمْ فَعَلُوْا مَا یُوْعَظُوْنَ بِهٖ

مِّنْهُمْ	وَ	لَوْ	اَنَّهُمْ	فَعَلُوْا	مَا	یُوْعَظُوْنَ	بِهٖ
ان میں سے	اور	اگر	بیشک وہ	کرتے	جو	انہیں نصیحت کی جاتی ہے	اس کے ساتھ

ایسا کرتے اور اگر وہ ہر وہ کام کرلیتے جس کی انہیں نصیحت کی جاتی ہے

لَكَانَ خَیْرًا لَّهُمْ وَاَشَدَّ تَثْبِیْتًا ﴿٦٦﴾ ۙ وَّ

لَكَانَ	خَیْرًا	لَّهُمْ	وَ	اَشَدَّ	تَثْبِیْتًا ﴿٦٦﴾	وَّ
ضرور ہوتا	بہت بہتر	ان کے لئے	اور	زیادہ مضبوط	ثابت قدمی (میں)	اور

تو ان کے لئے بہت بہتر اور ثابت قدمی کا ذریعہ ہوتا ○ اور

عنوان مسلمانوں کو بنی اسرائیل کی طرح سخت احکام نہیں دیئے گئے

اطاعتِ رسول ایمان میں پختگی، اجرِ عظیم اور صراطِ مستقیم کی ہدایت ملنے کا ذریعہ ہے

= ہیں اگر وہ حضور صَلَّی اللہُ تَعَالٰی عَلَیْہِ وَاٰلِہٖ وَسَلَّم کے لئے استعمال کی جائیں تو شرک لازم نہیں آتا جب تک کہ شرک کی حقیقت نہ پائی جائے۔

1 حضور صَلَّی اللہُ تَعَالٰی عَلَیْہِ وَاٰلِہٖ وَسَلَّم کا حکم ماننا فرض اور ماننے سے انکار کرنا کفر ہے۔ نیز ضروری ہے کہ آپ صَلَّی اللہُ تَعَالٰی عَلَیْہِ وَاٰلِہٖ وَسَلَّم کا حکم دل و جان سے مانا جائے اور اس کے بارے میں دل میں بھی کوئی رکاوٹ نہیں ہونی چاہیے۔ اس آیت پر وہ لوگ غور کریں جو مسلمان کہلا کر کافروں کے قوانین کو اسلامی قوانین پر فوقیت دیتے ہیں۔

إِذًا لَّآتَيْنٰهُم مِّن لَّدُنَّآ أَجْرًا عَظِيمًا ﴿٦٧﴾ وَّلَهَدَيْنٰهُمْ

اِذًا لَّاٰتَيْنٰهُمْ	مِّنْ	لَّدُنَّآ	اَجْرًا	عَظِيْمًا ﴿٦٧﴾	وَّ	لَهَدَيْنٰهُمْ
اس وقت ضرور ہم دیتے انہیں	سے	اپنے پاس	ثواب	بہت بڑا	اور	ضرور ہم ہدایت دیتے انہیں

ایسا ہوتا تو ہم ضرور انہیں اپنے پاس سے بہت بڑا ثواب عطا فرماتے ○ اور ہم انہیں ضرور سیدھے

صِرَاطًا مُّسْتَقِيمًا ﴿٦٨﴾ وَمَن يُطِعِ اللّٰهَ وَالرَّسُولَ فَأُولٰٓئِكَ

صِرَاطًا	مُّسْتَقِيْمًا ﴿٦٨﴾	وَ	مَنْ (1)	يُّطِعِ	اللّٰهَ	وَ	الرَّسُوْلَ	فَاُولٰٓئِكَ
راستے (کی)	سیدھے	اور	جو	اطاعت کرے	اللہ	اور	رسول (کی)	تو یہ لوگ

راستے کی ہدایت دیتے ○ اور جو اللہ اور رسول کی اطاعت کرے تو وہ

مَعَ الَّذِينَ أَنْعَمَ اللّٰهُ عَلَيْهِم مِّنَ النَّبِيِّينَ

مَعَ	الَّذِيْنَ	اَنْعَمَ	اللّٰهُ	عَلَيْهِمْ	مِّنَ	النَّبِيّٖنَ
ساتھ (ہوں گے)	ان لوگوں کے جو	انعام، احسان فرمایا	اللہ (نے)	ان پر	سے (یعنی)	انبیاء

ان لوگوں کے ساتھ ہوگا جن پر اللہ نے فضل کیا یعنی انبیاء

وَالصِّدِّيقِينَ وَالشُّهَدَآءِ وَالصّٰلِحِينَ ۚ وَحَسُنَ أُولٰٓئِكَ

وَ	الصِّدِّيْقِيْنَ	وَ	الشُّهَدَآءِ	وَ	الصّٰلِحِيْنَ	وَ	حَسُنَ	اُولٰٓئِكَ
اور	صدیقین	اور	شہداء	اور	صالحین (کے)	اور	کیا ہی اچھے ہیں	یہ لوگ

اور صدیقین اور شہداء اور صالحین اور یہ کتنے اچھے

رَفِيقًا ﴿٦٩﴾ ذٰلِكَ الْفَضْلُ مِنَ اللّٰهِ ۚ وَكَفٰى بِاللّٰهِ عَلِيمًا ﴿٧٠﴾ ع ۹

رَفِيْقًا ﴿٦٩﴾	ذٰلِكَ	الْفَضْلُ	مِنَ	اللّٰهِ	وَ	كَفٰى	بِاللّٰهِ	عَلِيْمًا ﴿٧٠﴾
ساتھی	یہ	فضل	کی طرف سے	اللہ	اور	کافی ہے	اللہ	جاننے والا

ساتھی ہیں ○ یہ اللہ کا فضل ہے، اور اللہ جاننے والا کافی ہے ○

عنوان اطاعت گزار مسلمانوں کا صلہ — جنت میں نبی کریم صَلَّی اللّٰہُ تَعَالٰی عَلَیْہِ وَاٰلِہٖ وَسَلَّم کا قرب ملنا اللہ تعالیٰ کا فضل ہے

1 ...... حضرت ثوبان رَضِیَ اللّٰہُ تَعَالٰی عَنْہ حضور اقدس صَلَّی اللّٰہُ تَعَالٰی عَلَیْہِ وَاٰلِہٖ وَسَلَّم سے بے انتہاء محبت کی وجہ سے جدائی کی تاب نہ رکھتے تھے، انہیں آخرت میں جدائی کا اندیشہ ہوا تو بارگاہِ رسالت میں عرض کی، ان کی تسکین کے لئے یہ آیت نازل ہوئی۔ اس سے صحابہ رَضِیَ اللّٰہُ تَعَالٰی عَنْہُم کی حضور صَلَّی اللّٰہُ تَعَالٰی عَلَیْہِ وَاٰلِہٖ وَسَلَّم سے محبت بھی معلوم ہوئی اور یہ بھی کہ جو حضور پر نور صَلَّی اللّٰہُ تَعَالٰی عَلَیْہِ وَاٰلِہٖ وَسَلَّم کا آخرت میں قرب چاہتا ہے وہ محبت اور اطاعت کا راستہ اختیار کرے۔

يٰۤاَيُّهَا الَّذِيْنَ اٰمَنُوْا خُذُوْا حِذْرَكُمْ فَانْفِرُوْا

يٰۤاَيُّهَا	الَّذِيْنَ	اٰمَنُوْا	خُذُوْا(1)	حِذْرَكُمْ	فَانْفِرُوْا
اے	وہ لوگو جو	ایمان لائے	لو	اپنے بچاؤ کا ذریعہ	پھر دشمن کی طرف نکلو، کوچ کرو

اے ایمان والو! ہوشیاری سے کام لو پھر دشمن کی طرف

ثُبَاتٍ اَوِ انْفِرُوْا جَمِيْعًا ﴿٧١﴾ وَاِنَّ مِنْكُمْ

ثُبَاتٍ	اَوِ	انْفِرُوْا	جَمِيْعًا ﴿٧١﴾	وَ	اِنَّ	مِنْكُمْ
تھوڑے تھوڑے (ہو کر)	یا	نکلو	اکٹھے	اور	بیشک	تم میں سے

تھوڑے تھوڑے ہو کر نکلو یا اکٹھے چلو ○ اور تم میں

لَمَنْ لَّيُبَطِّئَنَّ ۚ فَاِنْ اَصَابَتْكُمْ مُّصِيْبَةٌ قَالَ

لَمَنْ	لَّيُبَطِّئَنَّ	فَاِنْ	اَصَابَتْكُمْ	مُّصِيْبَةٌ	قَالَ
ضرور (کوئی وہ ہے) جو	ضرور دیر لگائے گا	پھر اگر	پہنچ جائے تمہیں	کوئی مصیبت	(تو) کہے گا

کچھ لوگ ایسے ہیں جو ضرور دیر لگائیں گے پھر اگر تم پر کوئی مصیبت آپڑے تو دیر لگانے والا کہے گا:

قَدْ اَنْعَمَ اللّٰهُ عَلَيَّ اِذْ لَمْ اَكُنْ مَّعَهُمْ

قَدْ	اَنْعَمَ	اللّٰهُ	عَلَيَّ	اِذْ	لَمْ اَكُنْ	مَّعَهُمْ
بیشک	انعام، احسان فرمایا	اللہ (نے)	مجھ پر	کیونکہ	میں نہیں تھا	ان کے ساتھ

بیشک اللہ نے مجھ پر بڑا احسان کیا کہ میں ان کے ساتھ

شَهِيْدًا ﴿٧٢﴾ وَلَئِنْ اَصَابَكُمْ فَضْلٌ مِّنَ اللّٰهِ لَيَقُوْلَنَّ

شَهِيْدًا ﴿٧٢﴾	وَ	لَئِنْ	اَصَابَكُمْ	فَضْلٌ	مِّنَ	اللّٰهِ	لَيَقُوْلَنَّ
حاضر، موجود	اور	ضرور اگر	پہنچے، ملے تمہیں	فضل	کی طرف سے	اللہ	(تو) ضرور کہے گا

موجود نہ تھا ○ اور اگر تمہیں اللہ کی طرف سے فضل ملے تو (تکلیف پہنچنے والی صورت میں تو)

عنوان: دشمن کے مقابلے میں ہوشیاری اور سمجھداری سے کام لینے کا حکم — منافقوں کی خود غرضی، مفاد پرستی اور مال کی ہوس

(1) یہ آیت مبارکہ جنگی تیاریوں، جنگی چالوں، دشمنوں کی حربی طاقت کے اندازے لگانے، معلومات رکھنے، ان کے مقابلے میں بھرپور تیاری اور بہترین جنگی حکمتِ عملی کے جملہ اصولوں میں رہنمائی کرتی ہے۔ اس سے یہ بھی معلوم ہے کہ اسباب کا اختیار کرنا بھی نہایت اہم ہے۔ بغیر اسباب لڑنا مرنے کے مترادف ہے، توکل ترکِ اسباب کا نام نہیں بلکہ اسباب اختیار کرکے امیدیں اللہ عَزَّوَجَلَّ سے وابستہ کرنے کا نام ہے۔

كَاَنْ لَّمْ تَكُنْۢ بَيْنَكُمْ وَ بَيْنَهٗ مَوَدَّةٌ

كَاَنْ	لَّمْ تَكُنْ	بَيْنَكُمْ	وَ	بَيْنَهٗ	مَوَدَّةٌ
گویا کہ	(پہلی صورت میں) نہ تھی	تمہارے درمیان	اور	اس کے درمیان	کوئی دوستی

گویا تمہارے اور اس کے درمیان کوئی دوستی ہی نہ تھی (جبکہ اب) ضرور کہے گا:

يّٰلَيْتَنِيْ كُنْتُ مَعَهُمْ فَاَفُوْزَ فَوْزًا عَظِيْمًا ﴿۷۳﴾

يّٰلَيْتَنِيْ	كُنْتُ	مَعَهُمْ	فَاَفُوْزَ (1)	فَوْزًا	عَظِيْمًا ﴿۷۳﴾
(اور فضل ملنے پر کہے گا) اے کاش	میں ہوتا	ان کے ساتھ	تو میں پالیتا	کامیابی	بڑی

اے کاش میں (بھی) ان کے ساتھ ہوتا تو بڑی کامیابی حاصل کرلیتا ○

فَلْيُقَاتِلْ فِيْ سَبِيْلِ اللّٰهِ الَّذِيْنَ يَشْرُوْنَ الْحَيٰوةَ الدُّنْيَا بِالْاٰخِرَةِ ؕ

فَلْيُقَاتِلْ	فِيْ	سَبِيْلِ اللّٰهِ	الَّذِيْنَ	يَشْرُوْنَ	الْحَيٰوةَ الدُّنْيَا	بِالْاٰخِرَةِ
تو لڑنا چاہیے	میں	اللہ کی راہ	ان لوگوں کو جو	بیچتے ہیں	دنیا کی زندگی	آخرت کے بدلے

پس جو لوگ دنیا کی زندگی کو آخرت کے بدلے میں بیچ دیتے ہیں انہیں چاہیے کہ اللہ کی راہ میں لڑیں

وَمَنْ يُّقَاتِلْ فِيْ سَبِيْلِ اللّٰهِ فَيُقْتَلْ اَوْ يَغْلِبْ

وَ	مَنْ	يُّقَاتِلْ	فِيْ	سَبِيْلِ اللّٰهِ	فَيُقْتَلْ	اَوْ	يَغْلِبْ
اور	جو	لڑے	میں	اللہ کی راہ	پھر وہ قتل کردیا جائے	یا	غالب آجائے

اور جو اللہ کی راہ میں لڑے پھر شہید کردیا جائے یا غالب آجائے

فَسَوْفَ نُؤْتِيْهِ اَجْرًا عَظِيْمًا ﴿۷۴﴾ وَمَا لَكُمْ

فَسَوْفَ نُؤْتِيْهِ	اَجْرًا	عَظِيْمًا ﴿۷۴﴾	وَ	مَا	لَكُمْ
تو عنقریب ہم دیں گے اسے	اجر، ثواب	بہت بڑا	اور	کیا ہے	تمہیں

تو عنقریب ہم اسے بہت بڑا ثواب عطا فرمائیں گے ○ اور تمہیں کیا ہوگیا

عنوان: اچھی نیت سے راہِ خدا میں جہاد کرنے کی ترغیب — جہاد کی ترغیب کے لئے مسلمانوں کی مظلومیت کا بیان

(1)...... ان آیات سے معلوم ہوا کہ خود غرضی، موقع شناسی، مفاد پرستی اور مال کی ہوس منافقوں کا طریقہ ہے۔ دنیا میں وہ شخص کبھی کامیاب نہیں ہوتا جو تکلیف کے موقع پر تو کسی کا ساتھ نہ دے لیکن اپنے مفاد کے موقع پر آگے آگے ہوتا پھرے۔ مفاد پرست اور خود غرض آدمی کچھ عرصہ تک تو اپنی منافقت چھپا سکتا ہے لیکن اس کے بعد ذلت و رسوائی اس کا مقدر رہتی ہے۔

لَا تُقَاتِلُوْنَ فِيْ سَبِيْلِ اللّٰهِ وَ الْمُسْتَضْعَفِيْنَ مِنَ الرِّجَالِ وَ

لَا تُقَاتِلُوْنَ	فِيْ	سَبِيْلِ اللّٰهِ	وَ	الْمُسْتَضْعَفِيْنَ (1)	مِنَ	الرِّجَالِ	وَ
(کہ) تم نہیں لڑتے	میں	اللہ کی راہ	اور	کمزور لوگ	سے	مرد	اور

کہ تم اللہ کے راستے میں نہ لڑو اور کمزور مردوں اور

النِّسَآءِ وَ الْوِلْدَانِ الَّذِيْنَ يَقُوْلُوْنَ رَبَّنَآ اَخْرِجْنَا مِنْ

النِّسَآءِ	وَ	الْوِلْدَانِ	الَّذِيْنَ	يَقُوْلُوْنَ	رَبَّنَآ	اَخْرِجْنَا	مِنْ
عورتیں	اور	بچے	وہ لوگ جو	کہتے ہیں	اے ہمارے رب	نکال دے ہمیں	سے

عورتوں اور بچوں کی خاطر (نہ لڑو جو) یہ دعا کر رہے ہیں کہ اے ہمارے رب! ہمیں

هٰذِهِ الْقَرْيَةِ الظَّالِمِ اَهْلُهَا ۚ وَ اجْعَلْ لَّنَا مِنْ لَّدُنْكَ

هٰذِهِ	الْقَرْيَةِ	الظَّالِمِ	اَهْلُهَا	وَ	اجْعَلْ	لَّنَا	مِنْ	لَّدُنْكَ
اس	شہر	ظلم کرنے والے	اس کے رہائشی	اور	بنادے	ہمارے لئے	سے	اپنے پاس

اس شہر سے نکال دے جس کے باشندے ظالم ہیں اور ہمارے لئے اپنے پاس سے

وَلِيًّا ۚ وَّ اجْعَلْ لَّنَا مِنْ لَّدُنْكَ نَصِيْرًا ﴿٧٥﴾ ۘ اَلَّذِيْنَ اٰمَنُوْا

وَلِيًّا (2)	وَّ	اجْعَلْ	لَّنَا	مِنْ	لَّدُنْكَ	نَصِيْرًا ﴿٧٥﴾	اَلَّذِيْنَ	اٰمَنُوْا
کوئی حمایتی	اور	بنادے	ہمارے لئے	سے	اپنے پاس	کوئی مددگار	وہ لوگ جو	ایمان لائے

کوئی حمایتی بنادے اور ہمارے لئے اپنی بارگاہ سے کوئی مددگار بنادے ۝ ایمان والے

يُقَاتِلُوْنَ فِيْ سَبِيْلِ اللّٰهِ ۚ وَ الَّذِيْنَ كَفَرُوْا يُقَاتِلُوْنَ فِيْ

يُقَاتِلُوْنَ	فِيْ	سَبِيْلِ اللّٰهِ	وَ	الَّذِيْنَ	كَفَرُوْا	يُقَاتِلُوْنَ	فِيْ
وہ لڑتے ہیں	میں	اللہ کی راہ	اور	وہ لوگ جو (جنہوں نے)	کفر کیا	وہ لڑتے ہیں	میں

اللہ کی راہ میں جہاد کرتے ہیں اور کفار شیطان کی راہ میں

عنوان: ایمان والے راہِ خدا میں اور کافر راہِ شیطان میں لڑتے ہیں

1. یہاں جن کمزوروں کا تذکرہ ہے اس سے مراد مکہ مکرمہ کے مسلمان ہیں۔ اس سے معلوم ہوا کہ مسلمانوں کو جہاد کی ترغیب دینے کیلئے مسلمانوں کی مظلومیت کا بیان کرنا بہت مفید ہے۔
2. اس سے معلوم ہوا کہ غیرُ اللہ کو ولی اور ناصر (یعنی مددگار) کہہ سکتے ہیں۔

سَبِيْلِ الطَّاغُوْتِ فَقَاتِلُوْٓا اَوْلِيَآءَ الشَّيْطٰنِ ۚ اِنَّ كَيْدَ الشَّيْطٰنِ كَانَ

سَبِيْلِ الطَّاغُوْتِ	فَقَاتِلُوْٓا	اَوْلِيَآءَ الشَّيْطٰنِ	اِنَّ	كَيْدَ الشَّيْطٰنِ	كَانَ
شیطان کی راہ	تو لڑو، جہاد کرو	شیطان کے دوستوں (سے)	بیشک	شیطان کا مکر و فریب	ہے

لڑتے ہیں تو تم شیطان کے دوستوں سے جہاد کرو بیشک شیطان کا مکر و فریب

ضَعِيْفًا ﴿٧٦﴾ اَلَمْ تَرَ اِلَى الَّذِيْنَ قِيْلَ لَهُمْ كُفُّوْٓا

ع٧

ضَعِيْفًا ﴿٧٦﴾	اَلَمْ تَرَ	اِلَى	الَّذِيْنَ	قِيْلَ	لَهُمْ	كُفُّوْٓا
کمزور	کیا تم نے نہ دیکھا	کی طرف	ان لوگوں کی جو	کہا گیا	ان سے	روک لو

کمزور ہے ۝ کیا تم نے ان لوگوں کو نہ دیکھا جن سے کہا گیا اپنے ہاتھ

اَيْدِيَكُمْ وَاَقِيْمُوا الصَّلٰوةَ وَاٰتُوا الزَّكٰوةَ ۚ فَلَمَّا كُتِبَ

اَيْدِيَكُمْ	وَ	اَقِيْمُوا	الصَّلٰوةَ	وَ	اٰتُوا	الزَّكٰوةَ	فَلَمَّا	كُتِبَ
اپنے ہاتھ	اور	قائم کرو	نماز	اور	ادا کرو	زکوٰۃ	پھر جب	لکھا گیا، فرض کیا گیا

روکے رکھو اور نماز قائم رکھو اور زکوٰۃ دو پھر جب ان پر جہاد فرض

عَلَيْهِمُ الْقِتَالُ اِذَا فَرِيْقٌ مِّنْهُمْ يَخْشَوْنَ النَّاسَ

عَلَيْهِمُ	الْقِتَالُ	اِذَا	فَرِيْقٌ	مِّنْهُمْ	يَخْشَوْنَ	النَّاسَ
ان پر	لڑنا، جہاد	تب	ایک گروہ	ان میں سے	ڈرتے ہیں	لوگوں (سے)

کیا گیا تو ان میں ایک گروہ لوگوں سے ایسے ڈرنے لگا

كَخَشْيَةِ اللّٰهِ اَوْ اَشَدَّ خَشْيَةً ۚ وَقَالُوْا رَبَّنَا لِمَ

كَخَشْيَةِ اللّٰهِ	اَوْ	اَشَدَّ	خَشْيَةً	وَ	قَالُوْا	رَبَّنَا	لِمَ (1)
اللہ سے ڈرنے کی طرح	یا	اس سے سخت	ڈرنا	اور	کہنے لگے	اے ہمارے رب	کیوں

جیسے اللہ سے ڈرنا ہوتا ہے یا اس سے بھی زیادہ اور کہنے لگے: اے ہمارے رب!

عنوان: جہاد فرض ہونے پر بعض مسلمانوں کا طبعی خوف اور فرضیت جہاد کی حکمت سے متعلق سوال

1 ...... یہ سوال حکمت دریافت کرنے کے لئے تھا، اعتراض کرنے کیلئے نہیں، اسی لئے اس سوال پر زجر و توبیخ نہ فرمائی گئی بلکہ تسلی بخش جواب عطا فرمایا گیا۔ اس سے معلوم ہوا کہ اعتراض کی غرض سے نہیں بلکہ سمجھنے کے لئے اسلامی قوانین کی حکمتیں پوچھنا ایمان کے منافی نہیں ہے۔

كُتِبَتْ	عَلَيْنَا	الْقِتَالَ	لَوْلَآ	اَخَّرْتَنَآ	اِلٰٓى	اَجَلٍ
تونے لکھ دیا، فرض کر دیا	ہمارے اوپر	جہاد	کیوں نہ	تونے مہلت دی ہمیں	تک	مدت

كُتِبَتْ عَلَيْنَا الْقِتَالَ ۚ لَوْلَآ اَخَّرْتَنَآ اِلٰٓى اَجَلٍ

تونے ہم پر جہاد کیوں فرض کر دیا؟ تھوڑی سی مدت تک ہمیں اور مہلت کیوں نہ

قَرِيْبٍ	قُلْ	مَتَاعُ الدُّنْيَا	قَلِيْلٌ (1)	وَ	الْاٰخِرَةُ	خَيْرٌ
قریب (تھوڑی سی)	تم کہو	دنیا کا ساز و سامان	قلیل، تھوڑا	اور	آخرت	سب سے بہتر ہے

قَرِيْبٍ ؕ قُلْ مَتَاعُ الدُّنْيَا قَلِيْلٌ ۚ وَالْاٰخِرَةُ خَيْرٌ

عطا کر دی؟ اے حبیب! تم فرما دو کہ دنیا کا ساز و سامان تھوڑا سا ہے اور پرہیز گاروں کے لئے

لِّمَنِ	اتَّقٰى	وَ	لَا تُظْلَمُوْنَ	فَتِيْلًا (٧٧)
(اس) کے لئے جو	ڈرے، متقی بنے	اور	تم پر ظلم نہیں کیا جائے گا	ایک دھاگے (کے برابر)

لِّمَنِ اتَّقٰى ۫ وَلَا تُظْلَمُوْنَ فَتِيْلًا (٧٧)

آخرت بہتر ہے اور تم پر ایک دھاگے کے برابر بھی ظلم نہ کیا جائے گا ○

اَيْنَ مَا	تَكُوْنُوْا	يُدْرِكْكُّمُ	الْمَوْتُ	وَلَوْ	كُنْتُمْ	فِيْ	بُرُوْجٍ
جہاں کہیں	تم ہو گے	پالے گی تمہیں	موت	اگرچہ	تم ہو	میں	قلعوں، اونچے محلات

اَيْنَ مَا تَكُوْنُوْا يُدْرِكْكُّمُ الْمَوْتُ وَلَوْ كُنْتُمْ فِيْ بُرُوْجٍ

تم جہاں کہیں بھی ہو گے موت تمہیں ضرور پکڑ لے گی اگرچہ تم مضبوط قلعوں

مُّشَيَّدَةٍ	وَ	اِنْ	تُصِبْهُمْ	حَسَنَةٌ	يَّقُوْلُوْا	هٰذِهٖ
بلند، مضبوط بنائے ہوئے	اور	اگر	پہنچے انہیں	کوئی بھلائی	(تو) کہتے ہیں	یہ

مُّشَيَّدَةٍ ؕ وَاِنْ تُصِبْهُمْ حَسَنَةٌ يَّقُوْلُوْا هٰذِهٖ

میں ہو اور ان (منافقوں) کو کوئی بھلائی پہنچے تو کہتے ہیں یہ

عنوان: موت ہر جگہ آ کر رہے گی — بھلائی اور برائی کی نسبت کرنے میں منافقوں کا حال

(1)...... دنیا کا ساز و سامان اگرچہ کتنا ہی زیادہ ہو وہ اخروی نعمتوں کے مقابلے میں انتہائی قلیل ہے اور مومن کے لئے دنیا سے کہیں زیادہ آخرت بہتر ہے لہٰذا ہر مسلمان کو چاہئے کہ دنیا کے مقابلے میں اپنی آخرت کو بہتر بنانے اور اسے سنوارنے کی زیادہ کوشش کرے۔

مِنْ عِنْدِ اللّٰهِ ۚ وَ اِنْ تُصِبْهُمْ سَيِّئَةٌ يَّقُوْلُوْا هٰذِهٖ					
مِنْ عِنْدِ اللّٰهِ	وَ	اِنْ	تُصِبْهُمْ	سَيِّئَةٌ	يَّقُوْلُوْا	هٰذِهٖ
اللہ کے پاس سے (ہے)	اور	اگر	پہنچے انہیں	کوئی برائی	(تو) کہتے ہیں	یہ

اللہ کی طرف سے ہے اور اگر انہیں کوئی برائی پہنچے تو کہتے ہیں: (اے محمد!) یہ

مِنْ عِنْدِكَ ؕ قُلْ كُلٌّ مِّنْ عِنْدِ اللّٰهِ ؕ			
مِنْ عِنْدِكَ	قُلْ	كُلٌّ	مِّنْ عِنْدِ اللّٰهِ
تمہاری طرف سے (آئی ہے)	تم کہہ دو	سب	اللہ کی طرف سے (ہے)

آپ کی وجہ سے آئی ہے۔ اے حبیب! تم فرمادو: سب اللہ کی طرف سے ہے

فَمَالِ هٰٓؤُلَآءِ الْقَوْمِ لَا يَكَادُوْنَ يَفْقَهُوْنَ حَدِيْثًا ﴿٧٨﴾ مَآ			
فَمَالِ هٰٓؤُلَآءِ الْقَوْمِ	لَا يَكَادُوْنَ يَفْقَهُوْنَ	حَدِيْثًا ﴿٧٨﴾	مَآ
تو اس قوم کو کیا ہوا	سمجھنے کے قریب ہی نہیں آتے	کوئی بات	جو

تو ان لوگوں کو کیا ہوا کہ کسی بات کو سمجھنے کے قریب ہی نہیں آتے ۝ اے سننے والے!

اَصَابَكَ مِنْ حَسَنَةٍ فَمِنَ اللّٰهِ ز وَمَآ					
اَصَابَكَ	مِنْ	حَسَنَةٍ	فَمِنَ اللّٰهِ (1)	وَ	مَآ
پہنچتی ہے تجھے (اے انسان)	سے	بھلائی	تو (وہ) اللہ کی طرف سے (ہے)	اور	جو

تجھے جو بھلائی پہنچتی ہے وہ اللہ کی طرف سے ہے اور

اَصَابَكَ مِنْ سَيِّئَةٍ فَمِنْ نَّفْسِكَ ؕ وَ اَرْسَلْنٰكَ					
اَصَابَكَ	مِنْ	سَيِّئَةٍ	فَمِنْ نَّفْسِكَ	وَ	اَرْسَلْنٰكَ
پہنچتی ہے تجھے	سے	برائی	تو (وہ) تیری جان کی طرف سے (ہے)	اور	ہم نے بھیجا تمہیں

تجھے جو برائی پہنچتی ہے وہ تیری اپنی طرف سے ہے اور اے حبیب! ہم نے تمہیں

عنوان: اللہ تعالیٰ کی طرف سے حضورِ اقدس صَلَّی اللّٰہُ تَعَالٰی عَلَیْہِ وَاٰلِہٖ وَسَلَّم کا دفاع | بھلائی اللہ تعالیٰ کی طرف سے اور برائی بندوں کی طرف سے ہے

1 ...... یہاں بھلائی کی نسبت اللہ عَزَّوَجَلَّ کی طرف اور برائی کی نسبت بندے کی طرف کی گئی ہے جب کہ اوپر کی آیت میں سب کی نسبت اللہ عَزَّوَجَلَّ کی طرف ہے، ان کا خلاصہ یہ ہے کہ بندہ جب مؤثرِ حقیقی کی طرف نظر کرے تو ہر چیز کو اسی کی طرف سے جانے اور جب اسباب پر نظر کرے تو برائیوں کو اپنی شامت نفس کے سبب سے سمجھے۔

لِلنَّاسِ رَسُوْلًا ؕ وَ كَفٰى بِاللّٰهِ شَهِيْدًا ﴿۷۹﴾ مَنْ يُّطِعِ						
لِلنَّاسِ	رَسُوْلًا (1)	وَ	كَفٰى	بِاللّٰهِ	شَهِيْدًا ﴿۷۹﴾	مَنْ	يُّطِعِ
تمام لوگوں کے لئے	رسول (بناکر)	اور	کافی ہے	اللّٰہ	گواہ	جو	اطاعت کرے
سب لوگوں کے لئے رسول بنا کر بھیجا ہے اور گواہی کے لئے اللّٰہ ہی کافی ہے ○ جس نے							

الرَّسُوْلَ فَقَدْ اَطَاعَ اللّٰهَ ۚ وَ مَنْ تَوَلّٰى						
الرَّسُوْلَ	فَقَدْ	اَطَاعَ	اللّٰهَ	وَ	مَنْ	تَوَلّٰى
رسول (کی)	تو بیشک	اس نے اطاعت کی	اللّٰہ (کی)	اور	جس نے	منہ پھیرا
رسول کا حکم مانا بیشک اس نے اللّٰہ کا حکم مانا اور جس نے منہ موڑا						

فَمَاۤ اَرْسَلْنٰكَ عَلَيْهِمْ حَفِيْظًا ﴿۸۰﴾ وَ يَقُوْلُوْنَ				
فَمَاۤ اَرْسَلْنٰكَ	عَلَيْهِمْ	حَفِيْظًا ﴿۸۰﴾	وَ	يَقُوْلُوْنَ
تو ہم نے نہیں بھیجا تمہیں	ان پر	نگہبان، محافظ (بناکر)	اور	وہ کہتے ہیں
تو ہم نے تمہیں انہیں بچانے کے لئے نہیں بھیجا ○ اور کہتے ہیں:				

طَاعَةٌ ۫ فَاِذَا بَرَزُوْا مِنْ عِنْدِكَ				
طَاعَةٌ	فَاِذَا	بَرَزُوْا	مِنْ	عِنْدِكَ
(ہمارا کام) اطاعت (کرنا ہے)	پھر جب	اٹھ کر جاتے ہیں	سے	تمہارے پاس
ہم نے فرمانبرداری کی پھر جب تمہارے پاس سے نکل کر جاتے ہیں				

بَيَّتَ طَآئِفَةٌ مِّنْهُمْ غَيْرَ الَّذِيْ تَقُوْلُ ؕ					
بَيَّتَ	طَآئِفَةٌ	مِّنْهُمْ	غَيْرَ	الَّذِيْ	تَقُوْلُ
رات کو منصوبے بناتا ہے	ایک گروہ	ان میں سے	علاوہ	(اس کے) جو	وہ گروہ کہتا ہے (یا) تم کہتے ہو
تو ان میں ایک گروہ آپ کے فرمان کے برخلاف رات کو منصوبے بناتا ہے					

عنوان اطاعتِ رسول اطاعتِ خدا ہے — اطاعتِ رسول سے متعلق منافقوں کا حال

1 ...... یہ سیِّدِ دوعالم صَلَّی اللّٰہُ تَعَالٰی عَلَیْہِ وَاٰلِہٖ وَسَلَّم کے جلیل القدر منصب اور عظیم المرتبت قدر و منزلت کا بیان ہے کہ آپ صَلَّی اللّٰہُ تَعَالٰی عَلَیْہِ وَاٰلِہٖ وَسَلَّم تمام عرب و عجم اور ساری مخلوق کے لئے رسول بنائے گئے اور کل جہان آپ کا اُمّتی بنایا گیا۔

وَاللّٰهُ یَكْتُبُ مَا یُبَیِّتُوْنَ ۚ فَاَعْرِضْ عَنْهُمْ وَ

وَ	اللّٰهُ	یَكْتُبُ	مَا	یُبَیِّتُوْنَ	فَاَعْرِضْ	عَنْهُمْ	وَ
اور	اللہ	لکھ رہا ہے	جو	وہ رات میں منصوبے بناتے ہیں	تو چشم پوشی کرو	ان سے	اور

اور اللہ ان کے رات کے منصوبے لکھ رہا ہے تو اے حبیب! تم ان سے چشم پوشی کرو اور

تَوَكَّلْ عَلَى اللّٰهِ ؕ وَكَفٰى بِاللّٰهِ وَكِیْلًا ﴿۸۱﴾ اَفَلَا یَتَدَبَّرُوْنَ

تَوَكَّلْ	عَلَى	اللّٰهِ	وَ	كَفٰى	بِاللّٰهِ	وَكِیْلًا ﴿۸۱﴾	اَفَلَا یَتَدَبَّرُوْنَ (1)
بھروسہ رکھو	پر	اللہ	اور	کافی ہے	اللہ	کارساز	تو کیا وہ غور نہیں کرتے

اللہ پر بھروسہ رکھو اور اللہ کافی کارساز ہے ۝ تو کیا یہ لوگ قرآن میں غور

الْقُرْاٰنَ ؕ وَلَوْ كَانَ مِنْ عِنْدِ غَیْرِ اللّٰهِ لَوَجَدُوْا

الْقُرْاٰنَ	وَ	لَوْ	كَانَ	مِنْ عِنْدِ غَیْرِ اللّٰهِ	لَوَجَدُوْا
قرآن (میں)	اور	اگر	وہ ہوتا	اللہ کے علاوہ (کسی اور) کے پاس سے	(تو) ضرور وہ پاتے

نہیں کرتے اور اگر یہ قرآن اللہ کے علاوہ کسی اور کی طرف سے ہوتا تو ضرور

فِیْهِ اخْتِلَافًا كَثِیْرًا ﴿۸۲﴾ وَاِذَا جَآءَهُمْ اَمْرٌ

فِیْهِ	اخْتِلَافًا	كَثِیْرًا ﴿۸۲﴾	وَ	اِذَا	جَآءَهُمْ	اَمْرٌ
اس میں	اختلاف	بہت زیادہ	اور	جب	آتی ہے ان کے پاس	کوئی بات

اس میں بہت زیادہ اختلاف پاتے ۝ اور جب امن یا خوف کی

مِّنَ الْاَمْنِ اَوِ الْخَوْفِ اَذَاعُوْا بِهٖ ؕ وَ

مِّنَ	الْاَمْنِ	اَوِ	الْخَوْفِ	اَذَاعُوْا	بِهٖ	وَ
سے	امن	یا	خوف (کی)	(تو) پھیلانے لگ جاتے ہیں	اس کو	اور (حالانکہ)

کوئی بات ان کے پاس آتی ہے تو اسے پھیلانے لگتے ہیں حالانکہ

عنوان: عظمت قرآن اور قرآن پاک میں غور و فکر کی دعوت | خوف پھیلانے والی خبر کے متعلق ایک اہم ضابطہ

(1) قرآن مجید میں غور و فکر کرنا اعلیٰ درجے کی عبادت ہے، لیکن یہ بات واضح ہے کہ قرآن میں وہی غور و فکر معتبر اور صحیح ہے جو صاحبِ قرآن صَلَّی اللہُ تَعَالٰی عَلَیْہِ وَاٰلِہٖ وَسَلَّم کے فرامین اور ان کے صحبت یافتہ صحابہ رَضِیَ اللہُ تَعَالٰی عَنْہُم اور ان سے تربیت پانے والے تابعین رَحْمَۃُ اللہِ تَعَالٰی عَلَیْہِم کے علوم کی روشنی میں ہو۔ اس لئے دورِ جدید کے اُن نت نئے محققین سے بچنا ضروری ہے جو چودہ سو سال کے علماء، فقہاء، محدثین و مفسرین اور ساری امت کے فہم کو غلط قرار دے کر قولاً یا عملاً یہ کہتے نظر آتے ہیں کہ قرآن اگر سمجھا ہے تو ہم نے ہی سمجھا ہے، پچھلی ساری امت جاہل ہی گزر گئی ہے۔ یہ لوگ یقیناً گمراہ ہیں۔

لَوْ رَدُّوْهُ اِلَى الرَّسُوْلِ وَ اِلٰٓى

لَوْ	رَدُّوْهُ	اِلَى	الرَّسُوْلِ	وَ	اِلٰٓى
اگر	پھیر دیتے اس (بات) کو	کی طرف	رسول	اور	کی طرف

اگر اس بات کو رسول اور اپنے بااختیار لوگوں کی

اُولِي الْاَمْرِ مِنْهُمْ لَعَلِمَهُ الَّذِيْنَ

اُولِي الْاَمْرِ	مِنْهُمْ	لَعَلِمَهُ	الَّذِيْنَ
حکم والوں (بااختیار لوگوں)	ان میں سے	(تو) ضرور جان لیتے اس (کی حقیقت) کو	وہ لوگ جو

خدمت میں پیش کرتے تو ضرور اُن میں سے نتیجہ نکالنے کی صلاحیت رکھنے والے

يَسْتَنْۢبِطُوْنَهٗ مِنْهُمْ ؕ وَ لَوْ لَا فَضْلُ اللّٰهِ عَلَيْكُمْ

يَسْتَنْۢبِطُوْنَهٗ (1)	مِنْهُمْ	وَ	لَوْ لَا	فَضْلُ اللّٰهِ	عَلَيْكُمْ
نتیجہ نکالنے کی صلاحیت رکھتے ہیں اس کا	ان میں سے	اور	اگر نہ ہوتا	اللہ کا فضل	تمہارے اوپر

اُس (خبر کی حقیقت) کو جان لیتے اور اگر تم پر اللہ کا فضل

وَ رَحْمَتُهٗ لَاتَّبَعْتُمُ الشَّيْطٰنَ اِلَّا قَلِيْلًا ﴿۸۳﴾ فَقَاتِلْ

وَ	رَحْمَتُهٗ	لَاتَّبَعْتُمُ	الشَّيْطٰنَ	اِلَّا	قَلِيْلًا ﴿۸۳﴾	فَقَاتِلْ
اور	اس کی رحمت	(تو) ضرور تم پیروی کرنے لگ جاتے	شیطان (کی)	مگر	تھوڑے	تو تم لڑو

اور اس کی رحمت نہ ہوتی تو ضرور تم میں سے چند ایک کے علاوہ سب شیطان کے پیچھے لگ جاتے ○ تو اے حبیب!

فِيْ سَبِيْلِ اللّٰهِ ۚ لَا تُكَلَّفُ اِلَّا نَفْسَكَ وَ

فِيْ	سَبِيْلِ اللّٰهِ	لَا تُكَلَّفُ	اِلَّا	نَفْسَكَ	وَ
میں	اللہ کی راہ	تمہیں تکلیف نہیں دی جائے گی	مگر	اپنی ذات (کی)	اور

اللہ کی راہ میں جہاد کریں۔ آپ کو آپ کی طاقت سے زیادہ تکلیف نہیں دی جائے گی اور

عنوان: جہاد کا حکم اور ترکِ جہاد سے ممانعت

(1) ...... یہاں آیت میں اگرچہ ایک خاص سیاق و سباق میں ایک چیز بیان کی گئی ہے لیکن اِس میں جو حکم بیان کیا گیا ہے یہ ہماری زندگی کے ہزاروں گوشوں میں اصلاح کیلئے کافی ہے۔ خلاصۂ کلام یہ ہے کہ جب کوئی ایسی بات معلوم ہو جو فساد کا سبب بن سکتی ہے تو اسے پھیلانے کی بجائے اہلِ دانش اور سمجھدار لوگوں تک پہنچادی جائے وہ غور و فکر اور تحقیق سے اس کی حقیقت حال معلوم کرلیں گے اور یوں بات کا بتنگڑ اور رائی کا پہاڑ نہیں بنے گا۔

حَرِّضِ الْمُؤْمِنِيْنَ ۚ عَسَى اللّٰهُ اَنْ يَّكُفَّ					
حَرِّضِ	الْمُؤْمِنِيْنَ	عَسَى	اللّٰهُ	اَنْ	يَّكُفَّ
(جہاد کی) ترغیب دیتے رہو	ایمان والوں (کو)	قریب ہے	اللہ	یہ کہ	روک دے گا
مسلمانوں کو (جہاد کی) ترغیب دیتے رہو۔ عنقریب اللہ					

بَاْسَ الَّذِيْنَ كَفَرُوْا ۗ وَاللّٰهُ اَشَدُّ					
بَاْسَ	الَّذِيْنَ	كَفَرُوْا	وَ	اللّٰهُ	اَشَدُّ
سختی، طاقت	ان لوگوں کی جو (جنہوں نے)	کفر کیا	اور	اللہ	سب سے زیادہ مضبوط (ہے)
کافروں کی طاقت روک دے گا اور اللہ کی طاقت سب سے زیادہ مضبوط ہے					

بَاْسًا وَّ اَشَدُّ تَنْكِيْلًا ﴿٨٤﴾ مَنْ يَّشْفَعْ					
بَاْسًا	وَّ	اَشَدُّ	تَنْكِيْلًا ﴿٨٤﴾	مَنْ	يَّشْفَعْ
لڑائی، طاقت (میں)	اور	سب سے زیادہ شدید (ہے)	عذاب دینے (میں)	جو	کرے
اور اس کا عذاب سب سے زیادہ شدید ہے ○ جو اچھی					

شَفَاعَةً حَسَنَةً يَّكُنْ لَّهٗ نَصِيْبٌ مِّنْهَا ۚ وَمَنْ يَّشْفَعْ								
شَفَاعَةً	حَسَنَةً (1)	يَّكُنْ	لَّهٗ	نَصِيْبٌ	مِّنْهَا	وَ	مَنْ	يَّشْفَعْ
سفارش	اچھی	ہو گا	اس کے لئے	(ثواب کا) حصہ	اس میں سے	اور	جو	کرے
سفارش کرے اس کے لئے اس کا اجر ہے اور جو بری								

شَفَاعَةً سَيِّئَةً يَّكُنْ لَّهٗ كِفْلٌ مِّنْهَا ۗ وَكَانَ اللّٰهُ								
شَفَاعَةً	سَيِّئَةً (2)	يَّكُنْ	لَّهٗ	كِفْلٌ	مِّنْهَا	وَ	كَانَ	اللّٰهُ
سفارش	بری	ہو گا	اس کے لئے	(گناہ کا) حصہ	اس میں سے	اور	ہے	اللہ
سفارش کرے اس کے لئے اس میں سے حصہ ہے اور								

عنوان اچھی سفارش باعثِ ثواب اور بری سفارش ناجائز ہے

1 ...... اچھی سفارش وہ ہے جس میں کسی کو جائز نفع پہنچایا جائے یا تکلیف سے بچایا جائے، اس پر ثواب ہے، جیسے کوئی نوکری کا واقعی مستحق ہے اور کسی دوسرے کی حق تلفی نہیں ہو رہی تو سفارش کرنا جائز ہے یا کوئی مظلوم ہے اور انصاف دلوانے میں مدد کیلئے پولیس سے سفارش کی جائے۔

2 ...... بری سفارش وہ ہے جس میں غلط سفارش کی جائے، ظالم کو غلط طریقے سے بچایا جائے یا کسی کی حق تلفی کی جائے جیسے کسی غیر مستحق کو نوکری دلانے کیلئے سفارش کی جائے یا کسی کو شراب یا سینما کے لائسنس دلوانے کیلئے سفارش کی جائے، یہ حرام ہے۔

عَلٰى كُلِّ شَیْءٍ مُّقِیْتًا ﴿۸۵﴾ وَ اِذَا حُیِّیْتُمْ بِتَحِیَّةٍ

عَلٰى كُلِّ شَیْءٍ	مُّقِیْتًا ﴿۸۵﴾	وَ	اِذَا	حُیِّیْتُمْ	بِتَحِیَّةٍ
ہر چیز پر	قادر	اور	جب	تمہیں سلام کیا جائے	کسی دعائیہ لفظ کے ساتھ

اللہ ہر شے پر قادر ہے ○ اور جب تمہیں کسی لفظ سے سلام کیا جائے

فَحَیُّوْا بِاَحْسَنَ مِنْهَاۤ اَوْ رُدُّوْهَا ؕ اِنَّ اللّٰهَ كَانَ

فَحَیُّوْا	بِاَحْسَنَ مِنْهَاۤ	اَوْ	رُدُّوْهَا	اِنَّ	اللّٰهَ	كَانَ
تو سلام کا جواب دو	اس سے بہتر (لفظ) کے ساتھ	یا	لوٹا دو اسی (لفظ) کو	بیشک	اللہ	ہے

تو تم اس سے بہتر لفظ سے جواب دو یا وہی الفاظ کہہ دو۔ بیشک اللہ

النصف

عَلٰى كُلِّ شَیْءٍ حَسِیْبًا ﴿۸۶﴾ اَللّٰهُ لَاۤ اِلٰهَ اِلَّا هُوَ ؕ لَیَجْمَعَنَّكُمْ

عَلٰى كُلِّ شَیْءٍ	حَسِیْبًا ﴿۸۶﴾	اَللّٰهُ	لَاۤ	اِلٰهَ	اِلَّا	هُوَ	لَیَجْمَعَنَّكُمْ
ہر چیز پر	حساب لینے والا	اللہ	نہیں	کوئی معبود	مگر	وہ	ضرور جمع کرے گا تمہیں

ہر چیز پر حساب لینے والا ہے ○ اللہ ہی ہے جس کے سوا کوئی عبادت کے لائق نہیں اور وہ ضرور تمہیں

اِلٰى یَوْمِ الْقِیٰمَةِ لَا رَیْبَ فِیْهِ ؕ وَ مَنْ اَصْدَقُ مِنَ اللّٰهِ

اِلٰى	یَوْمِ الْقِیٰمَةِ	لَا رَیْبَ	فِیْهِ	وَ	مَنْ	اَصْدَقُ (1)	مِنَ	اللّٰهِ
کی طرف	قیامت کے دن	کوئی شک نہیں	اس میں	اور	کون ہے	زیادہ سچا	سے	اللہ

قیامت کے دن اکٹھا کرے گا جس میں کوئی شک نہیں اور اللہ سے زیادہ کس کی

حَدِیْثًا ﴿۸۷﴾ ع فَمَا لَكُمْ فِی الْمُنٰفِقِیْنَ فِئَتَیْنِ

حَدِیْثًا ﴿۸۷﴾	فَمَا	لَكُمْ	فِی	الْمُنٰفِقِیْنَ	فِئَتَیْنِ
بات (میں)	تو کیا ہوا	تمہارے لئے (تمہیں)	(کے بارے) میں	منافقوں	دو گروہ (ہو گئے)

بات سچی ○ تو تمہیں کیا ہوا کہ منافقوں کے بارے میں دو گروہ ہو گئے

عنوان: سلام کا جواب دینے کا طریقہ | اللہ تعالیٰ سب سے زیادہ سچا ہے | چند منافقوں کے بارے صحابہ کرام رَضِیَ اللّٰہُ تَعَالٰی عَنْھُم کے دو گروہ

(1) ...... مسلمانوں کا عقیدہ ہے کہ اللہ تعالیٰ کے کسی کلام میں جھوٹ کا ممکن ہونا ذاتی طور پر محال ہے اور اللہ تعالیٰ کی تمام صفات مکمل طور پر صفات کمال ہیں اور جس طرح کسی صفت کمال کی اس سے نفی ناممکن ہے اسی طرح کسی نقص و عیب کی صفت کا ثبوت بھی اللہ تعالیٰ کے لئے محال ہے۔ اللہ تعالیٰ کا یہی فرمان "وَمَنْ أَصْدَقُ مِنَ اللّٰهِ حَدِيثًا" "اور اللہ سے زیادہ کس کی بات سچی۔" اس عقیدے کی بہت بڑی دلیل ہے۔

وَاللّٰهُ اَرْكَسَهُمْ بِمَا كَسَبُوْا ؕ

وَ	اللّٰهُ	اَرْكَسَهُمْ	بِمَا	كَسَبُوْا
اور (حالانکہ)	اللہ (نے)	اوندھا کر دیا، الٹا دیا انہیں	(اس کے) سبب جو	انہوں نے کمایا (اعمال کئے)

حالانکہ اللہ نے ان کے اعمال کے سبب ان (کے دلوں) کو الٹا دیا ہے۔

اَتُرِيْدُوْنَ اَنْ تَهْدُوْا مَنْ اَضَلَّ اللّٰهُ ؕ وَمَنْ

اَتُرِيْدُوْنَ	اَنْ	تَهْدُوْا	مَنْ	اَضَلَّ	اللّٰهُ	وَ	مَنْ
کیا تم چاہتے ہو	یہ کہ	ہدایت دو، راہ دکھاؤ	(اس کو) جسے	گمراہ کر دیا	اللہ (نے)	اور	جسے

کیا تم یہ چاہتے ہو کہ تم اسے راہ دکھاؤ جسے اللہ نے گمراہ کر دیا اور جسے

يُّضْلِلِ اللّٰهُ فَلَنْ تَجِدَ لَهٗ سَبِيْلًا ﴿٨٨﴾ وَدُّوْا لَوْ

يُّضْلِلِ	اللّٰهُ	فَلَنْ تَجِدَ	لَهٗ	سَبِيْلًا ﴿٨٨﴾	وَدُّوْا	لَوْ
گمراہ کرے	اللہ	تو تم ہرگز نہ پاؤ گے	اس کے لئے	کوئی راہ	وہ چاہتے ہیں	کاش

اللہ گمراہ کر دے تو ہرگز تو اس کے لئے (ہدایت کا) راستہ نہ پائے گا ○ وہ تو یہ چاہتے ہیں کہ

تَكْفُرُوْنَ كَمَا كَفَرُوْا فَتَكُوْنُوْنَ سَوَآءً فَلَا تَتَّخِذُوْا

تَكْفُرُوْنَ	كَمَا	كَفَرُوْا	فَتَكُوْنُوْنَ	سَوَآءً	فَلَا تَتَّخِذُوْا
تم کافر ہو جاؤ	جیسے	انہوں نے کفر کیا	پھر تم سب ہو جاؤ	برابر، ایک جیسے	تو تم نہ بناؤ

جیسے وہ کافر ہوئے کاش کہ تم بھی ویسے ہی کافر ہو جاؤ پھر تم سب ایک جیسے ہو جاؤ۔ تو تم

مِنْهُمْ اَوْلِيَآءَ حَتّٰى يُهَاجِرُوْا فِيْ سَبِيْلِ اللّٰهِ ؕ فَاِنْ

مِنْهُمْ	اَوْلِيَآءَ	حَتّٰى	يُهَاجِرُوْا	فِيْ	سَبِيْلِ اللّٰهِ	فَاِنْ
ان میں سے	دوست	یہاں تک کہ	وہ ہجرت کریں	میں	اللہ کی راہ	پھر اگر

ان میں سے کسی کو اپنا دوست نہ بناؤ جب تک وہ اللہ کی راہ میں ہجرت نہ کریں پھر اگر

عنوان منافقوں کا کفر و سرکشی میں حد سے تجاوز اور مسلمانوں کو نصیحت

تَوَلَّوْا فَخُذُوْهُمْ وَاقْتُلُوْهُمْ حَيْثُ وَجَدْتُّمُوْهُمْ ۪ وَلَا تَتَّخِذُوْا

تَوَلَّوْا	فَخُذُوْهُمْ	وَ	اقْتُلُوْهُمْ	حَيْثُ	وَجَدْتُّمُوْهُمْ	وَ	لَا تَتَّخِذُوْا
وہ منہ پھیریں	تو پکڑو انہیں	اور	قتل کرو انہیں	جہاں	تم پاؤ انہیں	اور	نہ بناؤ

وہ منہ پھیریں تو انہیں پکڑو اور جہاں پاؤ قتل کرو اور ان میں

مِنْهُمْ وَلِيًّا وَّلَا نَصِيْرًا ۟ۙ اِلَّا الَّذِيْنَ يَصِلُوْنَ

مِنْهُمْ	وَلِيًّا	وَّ	لَا	نَصِيْرًا ﴿٨٩﴾	اِلَّا	الَّذِيْنَ (1)	يَصِلُوْنَ
ان میں سے	کوئی دوست	اور	نہ	مددگار	مگر	وہ لوگ جو	تعلق رکھتے ہیں

کسی کو نہ دوست بناؤ اور نہ ہی مددگار ○ مگر (ان لوگوں کو قتل نہ کرو) جو ایسی قوم سے

اِلٰى قَوْمٍۭ بَيْنَكُمْ وَبَيْنَهُمْ مِّيْثَاقٌ اَوْ

اِلٰى	قَوْمٍ	بَيْنَكُمْ	وَ	بَيْنَهُمْ	مِّيْثَاقٌ	اَوْ
کی طرف (سے)	قوم	تمہارے درمیان	اور	ان کے درمیان	معاہدہ	یا

تعلق رکھتے ہوں کہ تمہارے اور ان کے درمیان (امن کا) معاہدہ ہو یا

جَآءُوْكُمْ حَصِرَتْ صُدُوْرُهُمْ اَنْ يُّقَاتِلُوْكُمْ اَوْ يُقَاتِلُوْا

جَآءُوْكُمْ	حَصِرَتْ	صُدُوْرُهُمْ	اَنْ	يُّقَاتِلُوْكُمْ	اَوْ	يُقَاتِلُوْا
وہ آئیں تمہارے پاس	تنگ ہوگئے	ان کے سینے	کہ	لڑائی کریں تم سے	یا	وہ لڑیں

تمہارے پاس اس حال میں آئیں کہ ان کے دل تم سے لڑائی کرنے سے تنگ آچکے ہوں یا (تمہارے ساتھ مل کر)

قَوْمَهُمْ ؕ وَلَوْ شَآءَ اللّٰهُ لَسَلَّطَهُمْ عَلَيْكُمْ

قَوْمَهُمْ	وَ	لَوْ	شَآءَ	اللّٰهُ	لَسَلَّطَهُمْ	عَلَيْكُمْ
اپنی قوم (سے)	اور	اگر	چاہتا	اللہ	(تو) ضرور مسلط کر دیتا انہیں	تمہارے اوپر

اپنی قوم سے لڑیں اور اللہ اگر چاہتا تو ضرور انہیں تم پر مسلط کر دیتا

عنوان: کفار سے صلح و لڑائی کے حوالے سے چند احکام

1...... یہاں ان لوگوں کا ذکر کیا جارہا ہے جو گزشتہ آیت میں دیئے گئے قتل کے حکم سے خارج ہیں اور وہ یہ ہیں: (1) وہ لوگ جن کا ایسی قوم سے تعلق ہو جن سے تمہارا امن کا معاہدہ ہو چکا ہو۔ (2) وہ لوگ جو تم سے لڑائی نہ کریں۔ (3) وہ لوگ جو تمہارے ساتھ مل کر اپنی قوم سے لڑیں۔ ان سب لوگوں کو قتل کرنے کی اجازت نہیں۔

فَلَقٰتَلُوْكُمْ ۚ فَاِنِ اعْتَزَلُوْكُمْ فَلَمْ يُقَاتِلُوْكُمْ وَ اَلْقَوْا

فَلَقٰتَلُوْكُمْ	فَاِنِ	اعْتَزَلُوْكُمْ (1)	فَلَمْ يُقَاتِلُوْكُمْ	وَ	اَلْقَوْا
تو بیشک وہ لڑتے تم سے	پھر اگر	وہ دور رہیں تم سے	پس نہ لڑیں تم سے	اور	ڈال دیں

تو وہ بے شک تم سے لڑتے پھر اگر وہ تم سے دور رہیں اور نہ لڑیں اور تمہاری طرف

اِلَيْكُمُ السَّلَمَ ۙ فَمَا جَعَلَ اللّٰهُ لَكُمْ عَلَيْهِمْ سَبِيْلًا ﴿٩٠﴾

اِلَيْكُمُ	السَّلَمَ	فَمَا جَعَلَ	اللّٰهُ	لَكُمْ	عَلَيْهِمْ	سَبِيْلًا ﴿٩٠﴾
تمہاری طرف	صلح	تو نہیں رکھا	اللہ (نے)	تمہارے لئے	ان پر	کوئی راستہ

صلح کا پیغام بھیجیں تو (صلح کی صورت میں) اللہ نے تمہیں ان پر (لڑائی) کا کوئی راستہ نہیں رکھا○

سَتَجِدُوْنَ اٰخَرِيْنَ يُرِيْدُوْنَ اَنْ يَّاْمَنُوْكُمْ وَ

سَتَجِدُوْنَ	اٰخَرِيْنَ	يُرِيْدُوْنَ	اَنْ	يَّاْمَنُوْكُمْ	وَ
عنقریب تم پاؤ گے	دوسروں (کو)	وہ چاہتے ہیں	کہ	امن میں رہیں تم سے	اور

عنقریب تم کچھ دوسروں کو پاؤ گے جو چاہتے ہیں کہ وہ تم سے بھی امن میں رہیں اور

يَاْمَنُوْا قَوْمَهُمْ ؕ كُلَّمَا رُدُّوْۤا اِلَى الْفِتْنَةِ

يَاْمَنُوْا	قَوْمَهُمْ	كُلَّمَا	رُدُّوْۤا	اِلَى	الْفِتْنَةِ (2)
امن میں رہیں	اپنی قوم (سے)	جب کبھی	انہیں پھیرا جاتا ہے	کی طرف	فتنہ

اپنی قوم سے بھی امن میں رہیں (لیکن) جب کبھی انہیں فتنے کی طرف پھیرا جاتا ہے

اُرْكِسُوْا فِيْهَا ۚ فَاِنْ لَّمْ يَعْتَزِلُوْكُمْ وَ يُلْقُوْۤا

اُرْكِسُوْا	فِيْهَا	فَاِنْ	لَّمْ يَعْتَزِلُوْكُمْ	وَ	يُلْقُوْۤا
اوندھے گر جاتے ہیں	اس میں	پھر اگر	وہ کنارہ کشی نہ کریں تم سے	اور	(نہ) ڈالیں

تو اس میں اوندھے جا پڑتے ہیں۔ پھر اگر وہ تم سے کنارہ کشی نہ کریں اور تمہارے ساتھ

عنوان منافقوں کا دوغلا پن اور ان کے متعلق حکم

1 ...... یہاں فرمایا کہ اگر کفار تم سے دور رہیں اور نہ لڑیں بلکہ صلح کا پیغام بھیجیں تو اس صورت میں تمہیں اجازت نہیں کہ تم ان سے جنگ کرو۔ مفسرین فرماتے ہیں کہ یہ آیت منسوخ ہے اور اب اسلامی سلطان کو صلح کرنے، نہ کرنے کا اختیار ہے۔

2 ...... یہاں فتنہ سے مراد کفر و شرک ہے یا اس سے مراد نبی کریم صَلَّی اللّٰہُ تَعَالٰی عَلَیْہِ وَاٰلِہٖ وَسَلَّمَ اور مسلمانوں سے جنگ کرنا یا انہیں ایذا پہنچانا ہے۔

اِلَيْكُمُ السَّلَمَ وَيَكُفُّوْٓا اَيْدِيَهُمْ فَخُذُوْهُمْ وَاقْتُلُوْهُمْ

اِلَيْكُمُ	السَّلَمَ	وَ	يَكُفُّوْٓا	اَيْدِيَهُمْ	فَخُذُوْهُمْ	وَ	اقْتُلُوْهُمْ
تمہاری طرف	صلح	اور	(نہ) روکیں	اپنے ہاتھ	تو پکڑلو انہیں	اور	قتل کردو انہیں

صلح نہ کریں اور اپنے ہاتھ تم (سے لڑنے) سے نہ روکیں تو تم انہیں پکڑلو اور جہاں پاؤ

حَيْثُ ثَقِفْتُمُوْهُمْ ؕ وَاُولٰٓئِكُمْ جَعَلْنَا لَكُمْ عَلَيْهِمْ سُلْطٰنًا مُّبِيْنًا ﴿٩١﴾ ع

حَيْثُ	ثَقِفْتُمُوْهُمْ	وَ	اُولٰٓئِكُمْ	جَعَلْنَا	لَكُمْ	عَلَيْهِمْ	سُلْطٰنًا	مُّبِيْنًا ﴿٩١﴾
جہاں	تم پاؤ انہیں	اور	یہ لوگ	ہم نے بنایا	تمہارے لئے	ان پر	اختیار	کھلا

انہیں قتل کردو اور یہی وہ لوگ ہیں جن کے خلاف ہم نے تمہیں کھلا اختیار دیا ہے ○

وَمَا كَانَ لِمُؤْمِنٍ اَنْ يَّقْتُلَ مُؤْمِنًا اِلَّا خَطَــًٔا ۚ

وَ	مَا كَانَ	لِمُؤْمِنٍ	اَنْ	يَّقْتُلَ (1)	مُؤْمِنًا	اِلَّا	خَطَــًٔا
اور	نہیں ہے	کسی مومن کے لئے	کہ	وہ قتل کرے	کسی مومن (کو)	مگر	غلطی (سے ہو جائے)

اور کسی مسلمان کے لئے جائز نہیں ہے کہ کسی مسلمان کو قتل کرے مگر یہ کہ غلطی سے ہو جائے

وَمَنْ قَتَلَ مُؤْمِنًا خَطَــًٔا فَتَحْرِيْرُ رَقَبَةٍ مُّؤْمِنَةٍ

وَ	مَنْ	قَتَلَ	مُؤْمِنًا	خَطَــًٔا	فَتَحْرِيْرُ رَقَبَةٍ	مُّؤْمِنَةٍ
اور	جو	قتل کرے	کسی مومن (کو)	غلطی (سے)	تو ایک غلام آزاد کرنا (لازم ہے)	مومن

اور جو کسی مسلمان کو غلطی سے قتل کر دے تو ایک مسلمان غلام کو آزاد کرنا

وَّدِيَةٌ مُّسَلَّمَةٌ اِلٰٓى اَهْلِهٖٓ اِلَّآ اَنْ

وَّ	دِيَةٌ (2)	مُّسَلَّمَةٌ	اِلٰٓى	اَهْلِهٖٓ	اِلَّآ	اَنْ
اور	دیت دینا	سپرد کی ہوئی	کی طرف	اس (مقتول) کے گھر والوں	مگر	یہ کہ

اور دیت دینا لازم ہے جو مقتول کے گھر والوں کے حوالے کی جائے گی سوائے اس کے کہ

عنوان مسلمان کو ناحق قتل کرنا حرام ہے — قتل خطا کی صورتیں اور ان کے احکام

1 ...... اس آیت میں کسی کو غلطی سے قتل کر دینے کی صورتیں اور ان کے احکام بیان کئے گئے ہیں۔

2 ...... دیت کا لغوی معنی ہے وہ مال جو مقتول کے وارثوں کو مقتول کی جان کے بدلے دیا جائے اور اصطلاحی معنی یہ ہے کہ کسی مسلمان یا ذمی کافر کو قتل کرنے یا اس کے کسی عضو کو تلف کرنے کی وجہ سے جو مالی معاوضہ دینا لازم آتا ہے اسے دیت کہتے ہیں۔ قتل کی دیت کا مال مقتول کے وارث آپس میں بطورِ میراث تقسیم کریں گے۔

يَّصَّدَّقُوْا ؕ فَاِنْ كَانَ مِنْ قَوْمٍ عَدُوٍّ لَّكُمْ

يَّصَّدَّقُوْا(1)	فَاِنْ	كَانَ	مِنْ	قَوْمٍ عَدُوٍّ	لَّكُمْ
وہ صدقہ کر دیں، وہ معاف کر دیں	پھر اگر	وہ (مقتول) ہو	سے	دشمن قوم	تمہارے لئے (تمہاری)

وہ معاف کر دیں پھر اگر وہ مقتول تمہاری دشمن قوم سے ہو

وَهُوَ مُؤْمِنٌ فَتَحْرِيْرُ رَقَبَةٍ مُّؤْمِنَةٍ ؕ وَ

وَ	هُوَ	مُؤْمِنٌ	فَتَحْرِيْرُ رَقَبَةٍ(2)	مُّؤْمِنَةٍ	وَ
اور	وہ (مقتول خود)	مومن (ہو)	تو ایک غلام آزاد کرنا (لازم ہے)	مومن	اور

اور وہ مقتول خود مسلمان ہو تو صرف ایک مسلمان غلام کا آزاد کرنا لازم ہے اور

اِنْ كَانَ مِنْ قَوْمٍ بَيْنَكُمْ وَبَيْنَهُمْ مِّيْثَاقٌ فَدِيَةٌ

اِنْ	كَانَ	مِنْ	قَوْمٍ	بَيْنَكُمْ	وَ	بَيْنَهُمْ	مِّيْثَاقٌ	فَدِيَةٌ
اگر	وہ (مقتول) ہو	سے	قوم	تمہارے درمیان	اور	ان کے درمیان	معاہدہ (ہو)	تو دیت

اگر وہ مقتول اس قوم میں سے ہو کہ تمہارے اور ان کے درمیان معاہدہ ہو تو

مُّسَلَّمَةٌ اِلٰۤى اَهْلِهٖ وَتَحْرِيْرُ رَقَبَةٍ مُّؤْمِنَةٍ ۚ فَمَنْ

مُّسَلَّمَةٌ	اِلٰۤى	اَهْلِهٖ	وَ	تَحْرِيْرُ رَقَبَةٍ	مُّؤْمِنَةٍ	فَمَنْ
سپرد کی ہوئی	کی طرف	اس کے گھر والوں	اور	ایک غلام یا لونڈی آزاد کرنا	مومن	پھر جو

اس کے گھر والوں کے حوالے دیت کی جائے اور ایک مسلمان غلام یا لونڈی کو آزاد کیا جائے پھر جسے

لَّمْ يَجِدْ فَصِيَامُ شَهْرَيْنِ مُتَتَابِعَيْنِ ؗ تَوْبَةً مِّنَ اللّٰهِ ؕ وَكَانَ

لَّمْ يَجِدْ	فَصِيَامُ شَهْرَيْنِ	مُتَتَابِعَيْنِ	تَوْبَةً	مِّنَ اللّٰهِ	وَ	كَانَ
نہ پائے (غلام)	تو دو مہینے کے روزے	پے درپے، مسلسل	(یہ) توبہ (ہے)	اللہ سے	اور	ہے

(غلام) نہ ملے تو دو مہینے کے مسلسل روزے (لازم ہیں۔ یہ) اللہ کی بارگاہ میں اس کی توبہ ہے اور

1 ...... مقتول کے وارث دیت معاف کر سکتے ہیں کیونکہ وہ ان کا اپنا حق ہے لیکن کفارہ معاف نہیں کر سکتے کیونکہ یہ اللہ تعالیٰ کا حق ہے۔

2 ...... جس مسلمان کے رشتہ دار حربی کافر ہوں اسے غلطی سے قتل کر دینے کی صورت میں صرف کفارہ واجب ہے کیونکہ دیت مقتول کے وارثوں کو بطورِ میراث ملتی ہے اور کافر رشتہ دار کو مسلمان کی میراث نہیں ملتی۔

اللّٰهُ عَلِيْمًا حَكِيْمًا ﴿٩٢﴾ وَمَنْ يَّقْتُلْ مُؤْمِنًا مُّتَعَمِّدًا							
اللّٰهُ	عَلِيْمًا	حَكِيْمًا ﴿٩٢﴾	وَ	مَنْ	يَّقْتُلْ	مُؤْمِنًا	مُّتَعَمِّدًا (1)
اللہ	علم والا	حکمت والا	اور	جو	قتل کردے	کسی مومن (کو)	جان بوجھ کر
اللہ جاننے والا حکمت والا ہے ○ اور جو کسی مسلمان کو جان بوجھ کر قتل کردے							

فَجَزَآؤُهٗ جَهَنَّمُ خٰلِدًا فِيْهَا وَغَضِبَ اللّٰهُ عَلَيْهِ وَ								
فَجَزَآؤُهٗ	جَهَنَّمُ	خٰلِدًا	فِيْهَا	وَ	غَضِبَ	اللّٰهُ	عَلَيْهِ	وَ
تو اس کا بدلہ	جہنم	ہمیشہ رہنے والا	اس میں	اور	غضب کیا	اللہ (نے)	اس پر	اور
تو اس کا بدلہ جہنم ہے عرصہ دراز تک اس میں رہے گا اور اللہ نے اس پر غضب کیا اور								

لَعَنَهٗ وَاَعَدَّ لَهٗ عَذَابًا عَظِيْمًا ﴿٩٣﴾ يٰٓاَيُّهَا الَّذِيْنَ							
لَعَنَهٗ	وَ	اَعَدَّ	لَهٗ	عَذَابًا	عَظِيْمًا ﴿٩٣﴾	يٰٓاَيُّهَا	الَّذِيْنَ
لعنت کی اس پر	اور	تیار کر رکھا ہے	اس کے لئے	عذاب	بڑا	اے	وہ لوگو جو
اس پر لعنت کی اور اس کے لئے بڑا عذاب تیار کر رکھا ہے ○ اے ایمان							

اٰمَنُوْٓا اِذَا ضَرَبْتُمْ فِيْ سَبِيْلِ اللّٰهِ فَتَبَيَّنُوْا وَلَا تَقُوْلُوْا							
اٰمَنُوْٓا	اِذَا	ضَرَبْتُمْ	فِيْ	سَبِيْلِ اللّٰهِ	فَتَبَيَّنُوْا	وَ	لَا تَقُوْلُوْا
ایمان لائے	جب	تم چلو	میں	اللہ کی راہ	تو خوب تحقیق کرلیا کرو	اور	نہ کہو
والو! جب تم اللہ کے راستے میں چلو تو خوب تحقیق کرلیا کرو اور جو							

لِمَنْ اَلْقٰٓى اِلَيْكُمُ السَّلٰمَ لَسْتَ مُؤْمِنًا ج					
لِمَنْ	اَلْقٰٓى	اِلَيْكُمُ	السَّلٰمَ	لَسْتَ	مُؤْمِنًا
(اس) سے جو	ڈالے (کہے)	تمہاری طرف (تمہیں)	سلام	(کہ) تم نہیں	مومن
تمہیں سلام کرے اسے یہ نہ کہو کہ تو مسلمان نہیں۔					

عنوان: مسلمان کو جان بوجھ کر قتل کرنے پر شدید وعیدیں — معاملے کی تحقیق کرنے سے متعلق مسلمانوں کو نصیحت

1 ...... اس آیت معلوم ہوتا ہے کہ انسانی جان کی اسلام میں کتنی حرمت ہے اور کسی مسلمان کو قتل کرنا کتنا شدید جرم ہے کہ جہنم، غضبِ الٰہی، لعنت اور عذابِ عظیم کی وعید سنائی گئی ہے۔

تَبۡتَغُوۡنَ عَرَضَ الۡحَیٰوةِ الدُّنۡیَا ۫ فَعِنۡدَ اللّٰهِ مَغَانِمُ كَثِیۡرَةٌ ؕ				
تَبۡتَغُوۡنَ (1)	عَرَضَ الۡحَیٰوةِ الدُّنۡیَا	فَعِنۡدَ اللّٰهِ	مَغَانِمُ	كَثِیۡرَةٌ
تم چاہتے ہو	دنیوی زندگی کا سازوسامان	تو اللہ کے پاس (ہیں)	غنیمت کے مال	بہت سے
تم دنیوی زندگی کا سامان چاہتے ہو پس اللہ کے پاس بہت سے غنیمت کے مال ہیں۔				

كَذٰلِكَ كُنۡتُمۡ مِّنۡ قَبۡلُ فَمَنَّ اللّٰهُ عَلَیۡكُمۡ						
كَذٰلِكَ	كُنۡتُمۡ	مِّنۡ	قَبۡلُ	فَمَنَّ	اللّٰهُ	عَلَیۡكُمۡ
اسی طرح	تم تھے	سے	پہلے	پھر احسان کیا	اللہ (نے)	تمہارے اوپر
پہلے تم بھی ایسے ہی تھے تو اللہ نے تم پر احسان کیا						

فَتَبَیَّنُوۡا ؕ اِنَّ اللّٰهَ كَانَ بِمَا تَعۡمَلُوۡنَ خَبِیۡرًا ﴿۹۴﴾						
فَتَبَیَّنُوۡا	اِنَّ	اللّٰهَ	كَانَ	بِمَا	تَعۡمَلُوۡنَ	خَبِیۡرًا ﴿۹۴﴾
تو خوب تحقیق کرلو	بیشک	اللہ	ہے	(اس) سے جو	تم کرتے ہو	خبردار
تو خوب تحقیق کرلو بیشک اللہ تمام اعمال سے خبردار ہے ○						

لَا یَسۡتَوِی الۡقٰعِدُوۡنَ مِنَ الۡمُؤۡمِنِیۡنَ غَیۡرُ اُولِی الضَّرَرِ وَ				
لَا یَسۡتَوِی	الۡقٰعِدُوۡنَ	مِنَ الۡمُؤۡمِنِیۡنَ	غَیۡرُ اُولِی الضَّرَرِ (2)	وَ
برابر نہیں	(جہاد سے) بیٹھے رہنے والے	ایمان والوں میں سے	تکلیف، عذر والوں کے علاوہ	اور
عذر والوں کے علاوہ جو مسلمان جہاد سے بیٹھے رہے وہ اور				

الۡمُجٰهِدُوۡنَ فِیۡ سَبِیۡلِ اللّٰهِ بِاَمۡوَالِهِمۡ وَ اَنۡفُسِهِمۡ ؕ فَضَّلَ اللّٰهُ							
الۡمُجٰهِدُوۡنَ	فِیۡ	سَبِیۡلِ اللّٰهِ	بِاَمۡوَالِهِمۡ	وَ	اَنۡفُسِهِمۡ	فَضَّلَ	اللّٰهُ
جہاد کرنے والے	میں	اللہ کی راہ	اپنے مالوں سے	اور	اپنی جانوں	فضیلت دی	اللہ (نے)
اللہ کی راہ میں اپنے مالوں اور اپنی جانوں کے ساتھ جہاد کرنے والے برابر نہیں۔ اپنی جانوں							

عنوان مجاہدین کی عظمت و فضیلت

1..... اس سے معلوم ہوا کہ جہاد سے مسلمان کا مقصد دنیا کا مال حاصل کرنا نہیں بلکہ اللہ تعالیٰ کے دین کی سربلندی اور اس کی رضا حاصل کرنا ہو۔

2..... اس آیت سے ثابت ہوا کہ جو لوگ بیماری یا بڑھاپے یا ناطاقتی یا نابینائی یا ہاتھ پاؤں کے ناکارہ ہونے اور عذر کی وجہ سے جہاد میں حاضر نہ ہوں وہ ثواب سے محروم نہ کئے جائیں گے جبکہ اچھی نیت رکھتے ہوں۔

اَلْمُجٰهِدِيْنَ بِاَمْوَالِهِمْ وَاَنْفُسِهِمْ عَلَى الْقٰعِدِيْنَ دَرَجَةً ؕ

اَلْمُجٰهِدِيْنَ	بِاَمْوَالِهِمْ	وَ	اَنْفُسِهِمْ	عَلَى	الْقٰعِدِيْنَ	دَرَجَةً
جہاد کرنے والوں (کو)	اپنے مالوں کے ساتھ	اور	اپنی جانوں	پر	بیٹھے رہنے والوں	درجہ (میں)

اور مالوں کے ساتھ جہاد کرنے والوں کو بیٹھے رہنے والوں پر اللہ نے درجے کے اعتبار سے فضیلت عطا فرمائی ہے

وَكُلًّا وَّعَدَ اللّٰهُ الْحُسْنٰى ؕ وَفَضَّلَ اللّٰهُ

وَ	كُلًّا	وَّعَدَ	اللّٰهُ	الْحُسْنٰى	وَ	فَضَّلَ	اللّٰهُ
اور	سب (سے)	وعدہ فرمایا	اللہ (نے)	بھلائی (کا)	اور	فضیلت دی	اللہ (نے)

اور اللہ نے سب سے بھلائی کا وعدہ فرمایا ہے اور اللہ نے جہاد کرنے والوں کو

الْمُجٰهِدِيْنَ عَلَى الْقٰعِدِيْنَ اَجْرًا عَظِيْمًا ﴿٩٥﴾ دَرَجٰتٍ

الْمُجٰهِدِيْنَ	عَلَى	الْقٰعِدِيْنَ	اَجْرًا عَظِيْمًا ﴿٩٥﴾	دَرَجٰتٍ
جہاد کرنے والوں (کو)	پر	بیٹھے رہنے والوں	بڑے ثواب (سے)	درجے

بیٹھ رہنے والوں پر بہت بڑے اجر کی فضیلت عطا فرمائی ہے ○ اس کی طرف سے

مِّنْهُ وَمَغْفِرَةً وَّرَحْمَةً ؕ وَكَانَ اللّٰهُ غَفُوْرًا رَّحِيْمًا ﴿٩٦﴾ ع

۱۰/۵/۳

مِّنْهُ	وَ	مَغْفِرَةً	وَّ	رَحْمَةً	وَ	كَانَ	اللّٰهُ	غَفُوْرًا	رَّحِيْمًا ﴿٩٦﴾
اس کی طرف سے	اور	مغفرت	اور	رحمت	اور	ہے	اللہ	بخشنے والا	مہربان

بہت سے درجات اور بخشش اور رحمت (ہے) اور اللہ بخشنے والا مہربان ہے ○

اِنَّ الَّذِيْنَ تَوَفّٰىهُمُ الْمَلٰٓئِكَةُ ظَالِمِيْٓ

اِنَّ	الَّذِيْنَ	تَوَفّٰىهُمُ	الْمَلٰٓئِكَةُ	ظَالِمِيْٓ
بیشک	وہ لوگ جو	قبض کرتے ہیں ان کو (ان کی روحوں کو)	فرشتے	وہ (لوگ) ظلم کرنے والے (تھے)

بیشک وہ لوگ جن کی جان فرشتے اس حال میں قبض کرتے ہیں کہ وہ اپنی جانوں پر

عنوان: مجاہدین کا اجر و ثواب — قدرت کے باوجود فرض ہجرت نہ کرنے والوں کا کوئی عذر مقبول نہیں

اَنْفُسِهِمْ قَالُوْا فِيْمَ كُنْتُمْ ؕ قَالُوْا كُنَّا مُسْتَضْعَفِيْنَ

اَنْفُسِهِمْ	قَالُوْا	فِيْمَ	كُنْتُمْ	قَالُوْا	كُنَّا	مُسْتَضْعَفِيْنَ
اپنی جانوں (پر)	(فرشتے) کہتے ہیں	کس حال میں	تم تھے	وہ کہتے ہیں	ہم تھے	کمزور لوگ

ظلم کرنے والے ہوتے ہیں ان سے (فرشتے) کہتے ہیں: تم کس حال میں تھے؟ وہ کہتے ہیں کہ ہم

فِي الْاَرْضِ ؕ قَالُوْۤا اَلَمْ تَكُنْ اَرْضُ اللّٰهِ وَاسِعَةً فَتُهَاجِرُوْا

فِي الْاَرْضِ	قَالُوْۤا	اَلَمْ تَكُنْ	اَرْضُ اللّٰهِ	وَاسِعَةً	فَتُهَاجِرُوْا (1)
زمین میں	(فرشتے) کہتے ہیں	کیا نہ تھی	اللہ کی زمین	وسیع، کشادہ	تو تم ہجرت کر جاتے

زمین میں کمزور تھے۔ تو فرشتے کہتے ہیں: کیا اللہ کی زمین کشادہ نہ تھی کہ تم اس میں ہجرت

فِيْهَا ؕ فَاُولٰٓئِكَ مَاْوٰىهُمْ جَهَنَّمُ ؕ وَسَآءَتْ مَصِيْرًا ﴿٩٧﴾ اِلَّا

فِيْهَا	فَاُولٰٓئِكَ	مَاْوٰىهُمْ	جَهَنَّمُ	وَ	سَآءَتْ	مَصِيْرًا ﴿٩٧﴾	اِلَّا
اس میں	تو یہ لوگ	ان کا ٹھکانہ	جہنم	اور	کتنی بری	لوٹنے کی جگہ	مگر

کر جاتے؟ تو یہ وہ لوگ ہیں جن کا ٹھکانہ جہنم ہے اور وہ کتنی بری لوٹنے کی جگہ ہے ○ مگر

الْمُسْتَضْعَفِيْنَ مِنَ الرِّجَالِ وَالنِّسَآءِ وَالْوِلْدَانِ لَا يَسْتَطِيْعُوْنَ

الْمُسْتَضْعَفِيْنَ	مِنَ	الرِّجَالِ	وَ	النِّسَآءِ	وَ	الْوِلْدَانِ	لَا يَسْتَطِيْعُوْنَ
کمزور، مجبور لوگ	سے	مرد	اور	عورتیں	اور	بچے	(جو) طاقت نہیں رکھتے

وہ مجبور مرد اور عورتیں اور بچے جو نہ تو کوئی تدبیر کرنے کی طاقت

حِيْلَةً وَّلَا يَهْتَدُوْنَ سَبِيْلًا ﴿٩٨﴾ فَاُولٰٓئِكَ عَسَى

حِيْلَةً	وَّ	لَا يَهْتَدُوْنَ	سَبِيْلًا ﴿٩٨﴾	فَاُولٰٓئِكَ	عَسَى
کوئی تدبیر (کرنے کی)	اور	رہنمائی نہیں پاتے	راستے (کی)	پس یہ لوگ	قریب ہے

رکھتے ہوں اور نہ راستہ جانتے ہوں ○ تو عنقریب

عنوان: ہجرت کی طاقت نہ رکھنے والے قابلِ گرفت نہیں

(1) ...... اس آیت سے ثابت ہوا کہ جو شخص کسی شہر میں اپنے دین پر قائم نہ رہ سکتا ہو اور یہ جانے کہ دوسری جگہ جانے سے اپنے فرائض دینی ادا کر سکے گا تو اس پر ہجرت واجب ہو جاتی ہے۔ اس حکم کو سامنے رکھ کر کافروں کے درمیان رہنے والے بہت سے مسلمانوں کو اپنی حالت پر غور کرنے کی حاجت ہے۔

اللّٰهُ اَنْ يَّعْفُوَ عَنْهُمْ ؕ وَ كَانَ اللّٰهُ عَفُوًّا غَفُوْرًا ﴿۹۹﴾							
اللّٰهُ	اَنْ	يَّعْفُوَ	عَنْهُمْ	وَ	كَانَ	اللّٰهُ	عَفُوًّا	غَفُوْرًا ﴿۹۹﴾
اللہ	کہ	درگزر فرمائے گا	ان سے	اور	ہے	اللہ	معاف فرمانے والا	بخشنے والا
اللہ ان لوگوں سے درگزر فرمائے گا اور اللہ معاف فرمانے والا، بخشنے والا ہے ○								

وَ مَنْ يُّهَاجِرْ فِيْ سَبِيْلِ اللّٰهِ يَجِدْ فِي الْاَرْضِ مُرٰغَمًا							
وَ	مَنْ	يُّهَاجِرْ	فِيْ	سَبِيْلِ اللّٰهِ	يَجِدْ	فِي الْاَرْضِ	مُرٰغَمًا
اور	جو	ہجرت کرے	میں	اللہ کی راہ	وہ پائے گا	زمین میں	ہجرت کی جگہ
اور جو اللہ کی راہ میں ہجرت کرے تو وہ زمین میں بہت جگہ							

كَثِيْرًا وَّ سَعَةً ؕ وَ مَنْ يَّخْرُجْ مِنْۢ بَيْتِهٖ مُهَاجِرًا								
كَثِيْرًا	وَّ	سَعَةً	وَ	مَنْ	يَّخْرُجْ	مِنْ	بَيْتِهٖ	مُهَاجِرًا
بہت	اور	وسعت، گنجائش	اور	جو	نکلے	سے	اپنے گھر	ہجرت کرتے ہوئے
اور گنجائش پائے گا اور جو اپنے گھر سے اللہ و رسول کی طرف								

اِلَى اللّٰهِ وَ رَسُوْلِهٖ ثُمَّ يُدْرِكْهُ الْمَوْتُ فَقَدْ							
اِلَى	اللّٰهِ	وَ	رَسُوْلِهٖ	ثُمَّ	يُدْرِكْهُ	الْمَوْتُ	فَقَدْ
کی طرف	اللہ	اور	اس کے رسول	پھر	آلے اسے	موت	تو بیشک
ہجرت کرتے ہوئے نکلا پھر اسے موت نے آلیا تو							

وَقَعَ اَجْرُهٗ عَلَى اللّٰهِ ؕ وَ كَانَ اللّٰهُ غَفُوْرًا رَّحِيْمًا ﴿۱۰۰﴾ ع								
وَقَعَ(1)	اَجْرُهٗ	عَلَى اللّٰهِ(2)	وَ	كَانَ	اللّٰهُ	غَفُوْرًا	رَّحِيْمًا ﴿۱۰۰﴾
واقع ہوگیا، ثابت ہوگیا	اس کا اجر	اللہ (کے ذمہ) پر	اور	ہے	اللہ	بخشنے والا	مہربان
اس کا ثواب اللہ کے ذمہ پر ہوگیا اور اللہ بخشنے والا، مہربان ہے ○								

عنوان ہجرت کرنے کی ترغیب — دورانِ ہجرت انتقال کرنے والا ہجرت کا ثواب پائے گا

(1)...... اس سے معلوم ہوا کہ جو کوئی نیکی کا ارادہ کرے اور اس کو پورا کرنے سے عاجز ہو جائے تو وہ اس نیکی کا ثواب پائے گا۔

(2)...... دورانِ ہجرت انتقال کر جانے والے کا اجر اللہ کریم کے وعدے اور اس کے فضل و کرم سے اس کے ذمۂ کرم پر ہے، یوں نہیں کہ اس پر بطورِ معاوضہ واجب ہے کیونکہ اس طور پر کوئی چیز اللہ عَزَّوَجَلَّ پر واجب نہیں۔

وَ اِذَا ضَرَبْتُمْ فِی الْاَرْضِ فَلَیْسَ عَلَیْكُمْ جُنَاحٌ اَنْ تَقْصُرُوْا

وَ	اِذَا	ضَرَبْتُمْ	فِی الْاَرْضِ	فَلَیْسَ	عَلَیْكُمْ	جُنَاحٌ	اَنْ	تَقْصُرُوْا (1)
اور	جب	تم سفر کرو	زمین میں	تو نہیں	تمہارے اوپر	کوئی گناہ	کہ	قصر کرو، کم کرو

اور جب تم زمین میں سفر کرو تو تم پر گناہ نہیں کہ بعض نمازیں قصر سے

مِنَ الصَّلٰوةِ ۖ اِنْ خِفْتُمْ اَنْ یَّفْتِنَكُمُ الَّذِیْنَ

مِنَ	الصَّلٰوةِ	اِنْ	خِفْتُمْ	اَنْ	یَّفْتِنَكُمُ	الَّذِیْنَ
سے	نماز	اگر	تمہیں اندیشہ ہو	کہ	ایذا دیں گے تمہیں	وہ لوگ جو (جنہوں نے)

پڑھو اگر تمہیں یہ اندیشہ ہو کہ کافر تمہیں ایذا

كَفَرُوْا ؕ اِنَّ الْكٰفِرِیْنَ كَانُوْا لَكُمْ عَدُوًّا مُّبِیْنًا ﴿۱۰۱﴾ وَ

كَفَرُوْا	اِنَّ	الْكٰفِرِیْنَ	كَانُوْا	لَكُمْ	عَدُوًّا	مُّبِیْنًا ﴿۱۰۱﴾	وَ
کفر کیا	بیشک	کفر کرنے والے	ہیں	تمہارے لئے (تمہارے)	دشمن	کھلے	اور

دیں گے بیشک کفار تمہارے کھلے دشمن ہیں ○ اور

اِذَا كُنْتَ فِیْهِمْ فَاَقَمْتَ لَهُمُ الصَّلٰوةَ فَلْتَقُمْ

اِذَا	كُنْتَ	فِیْهِمْ	فَاَقَمْتَ (2)	لَهُمُ	الصَّلٰوةَ	فَلْتَقُمْ
جب	تم (موجود) ہو	ان میں	تو قائم کرو	ان کے لئے	نماز	تو چاہئے کہ کھڑی ہو

اے حبیب! جب تم ان میں تشریف فرما ہو پھر نماز میں ان کی امامت کرو تو چاہئے کہ

طَآىِٕفَةٌ مِّنْهُمْ مَّعَكَ وَ لْیَاْخُذُوْۤا اَسْلِحَتَهُمْ ۫ فَاِذَا

طَآىِٕفَةٌ	مِّنْهُمْ	مَّعَكَ	وَلْیَاْخُذُوْۤا	اَسْلِحَتَهُمْ	فَاِذَا
ایک جماعت	ان میں سے	تمہارے ساتھ	اور چاہئے کہ لیے رہیں	اپنے ہتھیار	پھر جب

ان میں ایک جماعت تمہارے ساتھ ہو اور وہ اپنے ہتھیار لیے رہیں پھر جب

عنوان: حالتِ سفر میں نماز قصر سے پڑھنے کا حکم | نمازِ خوف ادا کرنے کا ایک طریقہ

1 ...... اس آیت میں نماز کو قصر کرنے کا مسئلہ بیان کیا گیا ہے یعنی سفر کی حالت میں ظہر، عصر اور عشاء میں چار فرضوں کی بجائے دو پڑھیں گے۔ نماز قصر سے متعلق مزید معلومات کے لئے تفسیر صراط الجنان، ج۲، ص۲۸۷ اور بہار شریعت حصہ 4 سے "نماز مسافر کا بیان" مطالعہ فرمائیں۔

2 ...... اس آیت میں نمازِ خوف کی جماعت کا طریقہ بیان کیا گیا ہے۔ اس سے معلوم ہوا کہ نماز کی جماعت ایسی اہم ہے کہ سخت جنگ کی حالت میں بھی جماعت کا طریقہ سکھایا گیا۔ افسوس ان پر جو بلاوجہ جماعت چھوڑ دیتے ہیں حالانکہ اس میں ستائیس گنا زیادہ ثواب ہے۔

سَجَدُوْا فَلْيَكُوْنُوْا مِنْ وَّرَآىٕكُمْ ۪ وَلْتَاْتِ

سَجَدُوْا	فَلْيَكُوْنُوْا	مِنْ	وَّرَآىٕكُمْ	وَلْتَاْتِ
وہ سجدہ کرلیں	تو چاہئے کہ ہو جائیں	سے	تمہارے پیچھے	اور (اب) چاہئے کہ آئے

وہ سجدہ کرلیں تو ہٹ کر تم سے پیچھے ہو جائیں اور اب دوسری جماعت

طَآىٕفَةٌ اُخْرٰى لَمْ يُصَلُّوْا فَلْيُصَلُّوْا مَعَكَ

طَآىٕفَةٌ اُخْرٰى	لَمْ يُصَلُّوْا	فَلْيُصَلُّوْا	مَعَكَ
دوسری جماعت	انہوں نے نماز ادا نہیں کی (تھی)	تو چاہئے کہ وہ نماز پڑھیں	تمہارے ساتھ

آئے جو اس وقت تک نماز میں شریک نہ تھی اب وہ تمہارے ساتھ نماز پڑھیں

وَلْيَاْخُذُوْا حِذْرَهُمْ وَاَسْلِحَتَهُمْ ۚ وَدَّ الَّذِيْنَ

وَلْيَاْخُذُوْا	حِذْرَهُمْ	وَ	اَسْلِحَتَهُمْ (1)	وَدَّ	الَّذِيْنَ
اور چاہئے کہ لیے رہیں	اپنی حفاظت کا سامان	اور	اپنے ہتھیار	چاہتے ہیں	وہ لوگ جو (جنہوں نے)

اور (انہیں بھی) چاہئے کہ اپنی حفاظت کا سامان اور اپنے ہتھیار لیے رہیں۔ کافر چاہتے ہیں

كَفَرُوْا لَوْ تَغْفُلُوْنَ عَنْ اَسْلِحَتِكُمْ وَاَمْتِعَتِكُمْ

كَفَرُوْا	لَوْ	تَغْفُلُوْنَ	عَنْ	اَسْلِحَتِكُمْ	وَ	اَمْتِعَتِكُمْ
کفر کیا	اگر	تم غافل ہو جاؤ	سے	اپنے ہتھیاروں	اور	اپنے سامانوں، اسباب

کہ اگر تم اپنے ہتھیاروں اور اپنے سامان سے غافل ہو جاؤ

فَيَمِيْلُوْنَ عَلَيْكُمْ مَّيْلَةً وَّاحِدَةً ؕ وَلَا جُنَاحَ

فَيَمِيْلُوْنَ	عَلَيْكُمْ	مَّيْلَةً	وَّاحِدَةً	وَ	لَا	جُنَاحَ
تو وہ ٹوٹ پڑیں	تمہارے اوپر	ٹوٹ پڑنا	ایک (ہی بار)	اور	نہیں	کوئی گناہ

تو ایک ہی دفعہ تم پر حملہ کر دیں اور اگر تمہیں

(1) اگر زیادہ خطرہ نہ ہو تو نمازِ خوف ہتھیار لے کر ادا کرنا مستحب ہے اور اس ہتھیار بندی سے نمازی کی نماز میں خلل واقع نہ ہوگا۔

عَلَيْكُمْ اِنْ كَانَ بِكُمْ اَذًى مِّنْ مَّطَرٍ اَوْ كُنْتُمْ مَّرْضٰۤى اَنْ

عَلَيْكُمْ	اِنْ	كَانَ	بِكُمْ	اَذًى	مِّنْ	مَّطَرٍ	اَوْ	كُنْتُمْ	مَّرْضٰۤى	اَنْ
تمہارے اوپر	اگر	ہو	تم کو	تکلیف	سے	بارش	یا	تم ہو	بیمار، مریض	کہ

بارش کے سبب تکلیف ہو یا بیمار ہو تو تم پر کوئی مضائقہ نہیں کہ

تَضَعُوْۤا اَسْلِحَتَكُمْ ۚ وَخُذُوْا حِذْرَكُمْ ؕ اِنَّ اللّٰهَ

تَضَعُوْۤا	اَسْلِحَتَكُمْ	وَ	خُذُوْا	حِذْرَكُمْ	اِنَّ	اللّٰهَ
رکھ دو	اپنے ہتھیار	اور	لئے رہو	اپنی حفاظت کا سامان	بیشک	اللہ (نے)

اپنے ہتھیار کھول رکھو اور اپنی حفاظت کا سامان لئے رہو۔ بیشک اللہ نے

اَعَدَّ لِلْكٰفِرِيْنَ عَذَابًا مُّهِيْنًا ﴿١٠٢﴾ فَاِذَا قَضَيْتُمُ

اَعَدَّ	لِلْكٰفِرِيْنَ	عَذَابًا	مُّهِيْنًا ﴿١٠٢﴾	فَاِذَا	قَضَيْتُمُ
تیار کر رکھا ہے	کافروں کے لئے	عذاب	ذلیل و رسوا کر دینے والا	پھر جب	تم پوری کر لو

کافروں کے لئے ذلت کا عذاب تیار کر رکھا ہے ○ پھر جب تم نماز

الصَّلٰوةَ فَاذْكُرُوا اللّٰهَ قِيٰمًا وَّقُعُوْدًا وَّعَلٰى جُنُوْبِكُمْ ۚ فَاِذَا

الصَّلٰوةَ	فَاذْكُرُوا (1)	اللّٰهَ	قِيٰمًا	وَّ	قُعُوْدًا	وَّ	عَلٰى	جُنُوْبِكُمْ	فَاِذَا
نماز	تو ذکر کرو	اللہ (کا)	کھڑے	اور	بیٹھے	اور	پر	اپنی کروٹوں	پھر جب

پڑھ لو تو کھڑے اور بیٹھے اور کروٹوں پر لیٹے اللہ کو یاد کرو پھر جب

اطْمَاْنَنْتُمْ فَاَقِيْمُوا الصَّلٰوةَ ۚ اِنَّ الصَّلٰوةَ كَانَتْ عَلَى الْمُؤْمِنِيْنَ

اطْمَاْنَنْتُمْ	فَاَقِيْمُوا	الصَّلٰوةَ	اِنَّ	الصَّلٰوةَ	كَانَتْ	عَلَى	الْمُؤْمِنِيْنَ
تم مطمئن ہو جاؤ	تو قائم کرو	نماز	بیشک	نماز	ہے	پر	ایمان والوں

تم مطمئن ہو جاؤ تو حسبِ معمول نماز قائم کرو بیشک نماز مسلمانوں پر

عنوان: نماز کے بعد ذکر اللہ کرنے کا حکم | حالتِ امن میں حسبِ معمول نماز پڑھنے کا حکم | نماز مقررہ وقت پر فرض ہے

(1) اس آیت سے معلوم ہوا کہ جہاد جیسی سخت حالت میں بھی اللہ تعالیٰ کے ذکر سے غافل نہیں ہونا چاہئے، نیز یہ بھی معلوم ہوا کہ نمازوں کے بعد جو کلمہ توحید کا ذکر کیا جاتا ہے وہ جائز ہے۔

كِتٰبًا مَّوْقُوْتًا ﴿١٠٣﴾ وَلَا تَهِنُوْا فِی ابْتِغَآءِ الْقَوْمِ ؕ اِنْ					
كِتٰبًا	مَّوْقُوْتًا ﴿١٠٣﴾	وَ	لَا تَهِنُوْا	فِیْ	ابْتِغَآءِ الْقَوْمِ	اِنْ
لکھی ہوئی، فرض (ہے)	مقررہ وقت (میں)	اور	سستی نہ کرو	میں	(کافر) قوم کی تلاش	اگر
مقررہ وقت میں فرض ہے ○ اور کافروں کی تلاش میں سستی نہ کرو۔ اگر						

تَكُوْنُوْا تَاْلَمُوْنَ فَاِنَّهُمْ یَاْلَمُوْنَ كَمَا تَاْلَمُوْنَ ۚ وَ					
تَكُوْنُوْا تَاْلَمُوْنَ	فَاِنَّهُمْ	یَاْلَمُوْنَ	كَمَا	تَاْلَمُوْنَ	وَ
تمہیں دکھ پہنچتا ہے	تو بیشک وہ	انہیں دکھ پہنچتا ہے	جیسے	تمہیں دکھ پہنچتا ہے	اور (حالانکہ)
تمہیں دکھ پہنچتا ہے تو جیسے تمہیں دکھ پہنچتا ہے ویسے ہی انہیں بھی دکھ پہنچتا ہے حالانکہ					

تَرْجُوْنَ مِنَ اللّٰهِ مَا لَا یَرْجُوْنَ ؕ وَكَانَ اللّٰهُ عَلِیْمًا							
تَرْجُوْنَ	مِنَ	اللّٰهِ	مَا	لَا یَرْجُوْنَ	وَ	كَانَ	اللّٰهُ	عَلِیْمًا
تم امید رکھتے ہو	سے	اللہ	جو	وہ امید نہیں رکھتے	اور	ہے	اللہ	علم والا
تم اللہ سے وہ امید رکھتے ہو جو وہ نہیں رکھتے۔ اور اللہ جاننے والا							

حَكِیْمًا ﴿١٠٤﴾ ع اِنَّاۤ اَنْزَلْنَاۤ اِلَیْكَ الْكِتٰبَ بِالْحَقِّ					
حَكِیْمًا ﴿١٠٤﴾	اِنَّاۤ	اَنْزَلْنَاۤ	اِلَیْكَ	الْكِتٰبَ	بِالْحَقِّ
حکمت والا	بیشک	ہم نے نازل کی	تمہاری طرف	کتاب	حق کے ساتھ
حکمت والا ہے ○ اے حبیب! بیشک ہم نے تمہاری طرف سچی کتاب اتاری					

لِتَحْكُمَ بَیْنَ النَّاسِ بِمَاۤ اَرٰىكَ اللّٰهُ ؕ وَلَا تَكُنْ						
لِتَحْكُمَ	بَیْنَ النَّاسِ	بِمَاۤ	اَرٰىكَ	اللّٰهُ	وَ	لَا تَكُنْ (1)
تاکہ تم فیصلہ کرو	لوگوں کے درمیان	(اس کے) ساتھ جو	دکھایا تمہیں	اللہ (نے)	اور	تم نہ ہونا
تاکہ تم لوگوں میں اس (حق) کے ساتھ فیصلہ کرو جو اللہ نے تمہیں دکھایا ہے اور تم						

عنوان غزوۂ احد کے بعد تلاشِ کفار میں سستی کرنے والوں کو نصیحت — نزولِ قرآن کا ایک اہم مقصد: اس کے احکام کے مطابق فیصلہ کرنا

1 ...... اس آیت میں بظاہر خطاب نبی اکرم صَلَّی اللّٰہُ تَعَالٰی عَلَیْہِ وَاٰلِہٖ وَسَلَّم سے ہے لیکن در حقیقت قیامت تک کے حکام کو سنانا مقصود ہے کہ وہ فیصلہ کرنے میں کوتاہی نہ کیا کریں اور صحیح ملزم کو بغیر رُو رعایت سزا پوری دیا کریں۔ اسی آیت سے تعصب کا رد بھی ہوتا ہے کہ اسلام میں اس بات کی کوئی گنجائش نہیں کہ آدمی اپنی قوم یا خاندان کی ہر معاملے میں تائید کرے اگرچہ وہ باطل پر ہوں بلکہ حق کی اتباع کرنا ضروری ہے۔ اس میں رنگ و نسل، قوم و علاقہ، ملک و صوبہ، زبان و ثقافت کے ہر قسم کے تعصب کا رد ہے۔

لِّلْخَآىِٕنِیْنَ خَصِیْمًا ﴿۱۰۵﴾ وَّ اسْتَغْفِرِ اللّٰهَ ؕ اِنَّ اللّٰهَ

لِّلْخَآىِٕنِیْنَ	خَصِیْمًا ﴿۱۰۵﴾	وَّ	اسْتَغْفِرِ	اللّٰهَ	اِنَّ	اللّٰهَ
خیانت کرنے والوں کے لئے	جھگڑنے والا	اور	معافی چاہو، استغفار کرو	اللہ (سے)	بیشک	اللہ

خیانت کرنے والوں کی طرف سے جھگڑا نہ کرنا ○ اور اللہ کی بارگاہ میں استغفار کریں۔ بیشک اللہ

كَانَ غَفُوْرًا رَّحِیْمًا ﴿۱۰۶﴾ وَ لَا تُجَادِلْ عَنِ الَّذِیْنَ

كَانَ	غَفُوْرًا	رَّحِیْمًا ﴿۱۰۶﴾	وَ	لَا تُجَادِلْ	عَنِ	الَّذِیْنَ
ہے	بخشنے والا	مہربان	اور	نہ جھگڑو	(کی طرف) سے	ان لوگوں کی جو

بخشنے والا مہربان ہے ○ اور ان لوگوں کی طرف سے نہ جھگڑنا جو

یَخْتَانُوْنَ اَنْفُسَهُمْ ؕ اِنَّ اللّٰهَ لَا یُحِبُّ مَنْ كَانَ

یَخْتَانُوْنَ (1)	اَنْفُسَهُمْ	اِنَّ	اللّٰهَ	لَا یُحِبُّ	مَنْ	كَانَ
خیانت میں ڈالتے ہیں	اپنی جانوں (کو)	بیشک	اللہ	پسند نہیں فرماتا	(اسے) جو	ہو

اپنی جانوں کو خیانت میں ڈالتے ہیں۔ بیشک اللہ پسند نہیں کرتا اُسے جو

خَوَّانًا اَثِیْمًا ﴿۱۰۷﴾ یَّسْتَخْفُوْنَ مِنَ النَّاسِ وَ

خَوَّانًا	اَثِیْمًا ﴿۱۰۷﴾	یَّسْتَخْفُوْنَ	مِنَ	النَّاسِ	وَ
بہت خیانت کرنے والا	بڑا گناہگار	وہ چھپتے ہیں (یا) شرماتے ہیں	سے	لوگوں	اور

بہت خیانت کرنے والا، بڑا گناہگار ہو ○ وہ لوگوں سے شرماتے ہیں اور

لَا یَسْتَخْفُوْنَ مِنَ اللّٰهِ وَ هُوَ مَعَهُمْ اِذْ

لَا یَسْتَخْفُوْنَ (2)	مِنَ	اللّٰهِ	وَ	هُوَ	مَعَهُمْ	اِذْ
چھپ نہیں سکتے (یا) شرم نہیں کرتے	سے	اللہ	اور (حالانکہ)	وہ	ان کے ساتھ (ہوتا ہے)	جب

اللہ سے نہیں شرماتے حالانکہ اللہ اس وقت بھی ان کے ساتھ ہوتا ہے جب

عنوان: بارگاہِ الٰہی میں استغفار کرنے کا حکم | خیانت کرنے والوں کی طرف سے نہ جھگڑنے کا حکم | اللہ تعالیٰ زیادہ حقدار ہے کہ اس سے ڈرا جائے

1 ...... اس آیت میں خیانت کرنے والوں کی طرف سے جھگڑنے سے منع فرمایا گیا۔ اس سے وکالت کا پیشہ کرنے والوں کو غور کرنا چاہیے کہ بارہا ایسا ہوتا ہے کہ وکیل اپنے موکل کا مجرم و خائن ہونا جانتا ہے لیکن وہ مال بٹورنے کے چکر میں مظلوم کو ظالم اور ظالم کو مظلوم بنا دیتا ہے اور ظالم کی طرف داری کرتا، اس کی طرف سے دلائل پیش کرتا، جھوٹ بولتا، دوسرے فریق کا حق مارتا اور نہ جانے کن کن حرام کاموں کا مرتکب ہوتا ہے۔

2 ...... یہ آیت مبارکہ تقویٰ وطہارت کی بنیاد ہے۔ اگر انسان یہ خیال رکھے کہ میرا کوئی حال اللہ عَزَّوَجَلَّ سے چھپا ہوا نہیں تو گناہ کرنے کی ہمت نہ کرے۔

يُبَيِّتُوْنَ مَا لَا يَرْضٰى مِنَ الْقَوْلِ ؕ وَ كَانَ اللّٰهُ

يبيتون	ما	لا يرضى	من	القول	و	كان	الله
رات میں مشورہ کرتے ہیں	(اس چیز کا) جو	(اللہ) پسند نہیں کرتا	سے	بات	اور	ہے	اللہ

وہ رات کو ایسی بات کا مشورہ کرتے ہیں جو اللہ کو پسند نہیں اور اللہ

بِمَا يَعْمَلُوْنَ مُحِيْطًا ﴿۱۰۸﴾ هٰۤاَنْتُمْ هٰۤؤُلَآءِ جٰدَلْتُمْ

بما	يعملون	محيطا ﴿۱۰۸﴾	ها انتم	هؤلاء	جادلتم
(اس) کو جو	وہ کرتے ہیں	گھیرے ہوئے	خبردار تم	وہ لوگ (ہو جو)	جھگڑے

ان کے کاموں کو گھیرے ہوئے ہے ○ (اے لوگو!) سن لو، یہ تم ہی ہو جو دنیا کی زندگی میں

عَنْهُمْ فِي الْحَيٰوةِ الدُّنْيَا ۫ فَمَنْ يُّجَادِلُ اللّٰهَ

عنهم	في	الحيوة الدنيا	فمن	يجادل (1)	الله
ان (کی طرف) سے	میں	دنیا کی زندگی	تو کون	جھگڑا کرے گا	اللہ (سے)

ان کی طرف سے جھگڑے تو قیامت کے دن ان کی طرف سے اللہ سے

عَنْهُمْ يَوْمَ الْقِيٰمَةِ اَمْ مَّنْ يَّكُوْنُ عَلَيْهِمْ وَكِيْلًا ﴿۱۰۹﴾ وَ

عنهم	يوم القيمة	ام	من	يكون	عليهم	وكيلا ﴿۱۰۹﴾	و
ان (کی طرف) سے	قیامت کے دن	یا	کون	ہوگا	ان پر (ان کا)	کارساز، وکیل	اور

کون جھگڑے گا یا کون ان کا کارساز ہوگا؟ ○ اور

مَنْ يَّعْمَلْ سُوْٓءًا اَوْ يَظْلِمْ نَفْسَهٗ ثُمَّ يَسْتَغْفِرِ اللّٰهَ

من	يعمل	سوءا	او	يظلم	نفسه	ثم	يستغفر	الله
جو	کرے	برا کام	یا	ظلم کرے	اپنی جان (پر)	پھر	مغفرت طلب کرے	اللہ (سے)

جو کوئی برا کام کرے یا اپنی جان پر ظلم کرے پھر اللہ سے مغفرت طلب کرے

عنوان: خیانت کرنے والوں کی طرف سے جھگڑنے والوں کو تنبیہ — سچی توبہ کرنے والا گناہگار اللہ تعالیٰ کو غفور و رحیم پائے گا

(1) ...... دھوکا دینے کے لئے اللہ عَزَّوَجَلَّ کی بارگاہ میں جھگڑنا ناممکن ہے کہ اللہ عَزَّوَجَلَّ سے کچھ پوشیدہ نہیں۔ نیز اس آیت میں شفاعت کا انکار نہیں کیونکہ محبوبوں کی شفاعت اور چھوٹے بچوں کا اپنے ماں باپ کی بخشش کے لئے رب تعالیٰ سے ناز کے طور پر جھگڑنا آیات و احادیث سے ثابت ہے۔

يَجِدِ اللّٰهَ غَفُوْرًا رَّحِيْمًا ﴿١١٠﴾ وَمَنْ يَّكْسِبْ اِثْمًا

يَجِدِ	اللّٰهَ	غَفُوْرًا	رَّحِيْمًا ﴿١١٠﴾	وَ	مَنْ	يَّكْسِبْ	اِثْمًا
(تو) وہ پائے گا	اللہ (کو)	بخشنے والا	مہربان	اور	جو	کمائے	گناہ

تو اللہ کو بخشنے والا مہربان پائے گا ○ اور جو گناہ کمائے

فَاِنَّمَا يَكْسِبُهٗ عَلٰى نَفْسِهٖ ؕ وَكَانَ اللّٰهُ عَلِيْمًا حَكِيْمًا ﴿١١١﴾ وَ

فَاِنَّمَا	يَكْسِبُهٗ	عَلٰى نَفْسِهٖ (1)	وَ	كَانَ	اللّٰهُ	عَلِيْمًا	حَكِيْمًا ﴿١١١﴾	وَ
تو صرف	وہ کماتا ہے اسے	اپنی جان پر	اور	ہے	اللہ	علم والا	حکمت والا	اور

تو وہ اپنی جان پر ہی گناہ کمارہا ہے اور اللہ علم و حکمت والا ہے ○ اور

مَنْ يَّكْسِبْ خَطِيْٓــَٔةً اَوْ اِثْمًا ثُمَّ يَرْمِ بِهٖ

مَنْ	يَّكْسِبْ	خَطِيْٓــَٔةً (2)	اَوْ	اِثْمًا	ثُمَّ	يَرْمِ	بِهٖ
جو	کمائے (ارتکاب کرے)	کسی خطا	یا	گناہ (کا)	پھر	الزام لگادے	اس کا

جو کوئی غلطی یا گناہ کا ارتکاب کرے پھر کسی بے گناہ پر اس کا

بَرِيْٓــًٔا فَقَدِ احْتَمَلَ بُهْتَانًا وَّاِثْمًا مُّبِيْنًا ﴿١١٢﴾ ع وَ

بَرِيْٓــًٔا	فَقَدِ	احْتَمَلَ (3)	بُهْتَانًا	وَّ	اِثْمًا	مُّبِيْنًا ﴿١١٢﴾	وَ
کسی بے گناہ (پر)	تو بیشک	اس نے اٹھایا	بہتان	اور	گناہ	کھلا	اور

الزام لگادے تو یقیناً اس نے بہتان اور کھلا گناہ اٹھایا ○ اور

ع ۸ ۱۶ ۱۳

لَوْلَا فَضْلُ اللّٰهِ عَلَيْكَ وَرَحْمَتُهٗ لَهَمَّتْ

لَوْلَا	فَضْلُ اللّٰهِ	عَلَيْكَ	وَ	رَحْمَتُهٗ	لَهَمَّتْ
اگر نہ ہوتا	اللہ کا فضل	تمہارے اوپر	اور	اس کی رحمت	(تو) ضرور ارادہ کیا تھا

اے حبیب! اگر تمہارے اوپر اللہ کا فضل اور اس کی رحمت نہ ہوتی تو ان میں ایک گروہ نے

عنوان: گناہ کا وبال گناہ کرنے والا اٹھائے گا | اپنے گناہ کا دوسرے پر الزام لگانے والا بہتان تراش اور بڑا گناہگار ہے | نبی کریم صَلَّى اللّٰهُ تَعَالٰى عَلَيْهِ وَاٰلِهٖ وَسَلَّم کی عظمت و شان

1 ...... جو گناہ کرے گا وہی اس گناہ کا وبال اٹھائے گا، البتہ جو کسی گناہ جاریہ کا سبب بنا تو اسے گناہ کرنے والوں کے گناہ سے بھی حصہ ملے گا۔

2 ...... یہاں خطا سے مراد گناہِ صغیرہ اور گناہ سے مراد گناہِ کبیرہ ہے۔

3 ...... اس آیت سے معلوم ہوا کہ بے گناہ کو تہمت لگانا سخت جرم ہے وہ بے گناہ خواہ مسلمان ہو یا کافر۔ نیز اس سے اسلام کے اعلیٰ اخلاقی اصولوں کا علم ہوا کہ اسلام میں انسانی حقوق کا کس قدر پاس اور لحاظ ہے، حتیٰ کہ کافر تک کے حقوق اسلام میں بیان کئے گئے ہیں۔

طَّآىِٕفَةٌ مِّنْهُمْ اَنْ یُّضِلُّوْكَ ؕ وَ مَا یُضِلُّوْنَ اِلَّاۤ

طَّآىِٕفَةٌ	مِّنْهُمْ	اَنْ	یُّضِلُّوْكَ (1)	وَ	مَا یُضِلُّوْنَ	اِلَّاۤ
ایک گروہ (نے)	ان میں سے	کہ	وہ بہکا دیں تمہیں	اور	وہ نہیں گمراہ کرتے	مگر

آپ کو (صحیح فیصلہ کرنے سے) ہٹانے کا ارادہ کیا تھا حالانکہ وہ اپنے آپ ہی کو

اَنْفُسَهُمْ وَ مَا یَضُرُّوْنَكَ مِنْ شَیْءٍ ؕ وَ اَنْزَلَ

اَنْفُسَهُمْ	وَ	مَا یَضُرُّوْنَكَ	مِنْ	شَیْءٍ	وَ	اَنْزَلَ
اپنی جانوں (کو)	اور	وہ نقصان نہیں پہنچا سکتے تمہیں	سے (کچھ)	کسی چیز	اور	نازل کی

گمراہ کر رہے تھے اور آپ کا کچھ نہیں بگاڑ سکتے اور اللہ نے

اللّٰهُ عَلَیْكَ الْكِتٰبَ وَ الْحِكْمَةَ وَ عَلَّمَكَ مَا

اللّٰهُ	عَلَیْكَ	الْكِتٰبَ	وَ	الْحِكْمَةَ	وَ	عَلَّمَكَ (2)	مَا
اللہ (نے)	تمہارے اوپر	کتاب	اور	حکمت	اور	سکھا دیا تمہیں	جو کچھ

آپ پر کتاب اور حکمت نازل فرمائی اور آپ کو وہ سب کچھ سکھا دیا جو

لَمْ تَكُنْ تَعْلَمُ ؕ وَ كَانَ فَضْلُ اللّٰهِ عَلَیْكَ عَظِیْمًا ﴿۱۱۳﴾ لَا خَیْرَ

لَمْ تَكُنْ تَعْلَمُ	وَ	كَانَ	فَضْلُ اللّٰهِ	عَلَیْكَ	عَظِیْمًا ﴿۱۱۳﴾	لَا	خَیْرَ
تم نہ جانتے تھے	اور	ہے	اللہ کا فضل	تمہارے اوپر	بہت بڑا	نہیں	کوئی بھلائی

آپ نہ جانتے تھے اور آپ پر اللہ کا فضل بہت بڑا ہے ○ اُن کے

فِیْ كَثِیْرٍ مِّنْ نَّجْوٰىهُمْ اِلَّا مَنْ اَمَرَ بِصَدَقَةٍ اَوْ

فِیْ	كَثِیْرٍ	مِّنْ	نَّجْوٰىهُمْ	اِلَّا	مَنْ	اَمَرَ	بِصَدَقَةٍ	اَوْ
میں	بہت	سے	ان کی سرگوشیوں، خفیہ مشوروں	مگر	جو	حکم دے	صدقے کا	یا

اکثر خفیہ مشوروں میں کوئی بھلائی نہیں ہوتی مگر ان لوگوں (کے مشوروں) میں جو صدقے کا یا

عنوان صرف اچھے کاموں کیلئے کئے جانے والے مشوروں میں بھلائی ہے

1 ...... یہاں بہکانے سے مراد دھوکہ دے کر غلط فیصلہ کروالینا ہے۔

2 ...... یہ آیت مبارکہ حضور اقدس صَلَّی اللّٰہُ تَعَالٰی عَلَیْہِ وَاٰلِہٖ وَسَلَّم کی عظیم مدح پر مشتمل ہے۔ اللہ عَزَّوَجَلَّ نے فرمایا کہ اے حبیب! صَلَّی اللّٰہُ تَعَالٰی عَلَیْہِ وَاٰلِہٖ وَسَلَّم، اللہ تعالیٰ نے آپ پر کتاب اور حکمت نازل فرمائی اور آپ کو دین کے امور، شریعت کے احکام اور غیب کے وہ علوم عطا فرما دیئے جو آپ نہ جانتے تھے۔

مَعْرُوْفٍ اَوْ اِصْلَاحٍۢ بَیْنَ النَّاسِ ؕ وَمَنْ یَّفْعَلْ ذٰلِكَ

مَعْرُوْفٍ	اَوْ	اِصْلَاحٍۢ	بَیْنَ النَّاسِ	وَ	مَنْ	یَّفْعَلْ	ذٰلِكَ
اچھی بات (کا)	یا	صلح کرانے (کا)	لوگوں کے درمیان	اور	جو	کرے	یہ (کام)

نیکی کا یا لوگوں میں باہم صلح کرانے کا مشورہ کریں اور جو

ابْتِغَآءَ مَرْضَاتِ اللّٰهِ فَسَوْفَ نُؤْتِیْهِ اَجْرًا عَظِیْمًا ﴿۱۱۴﴾ وَمَنْ

ابْتِغَآءَ مَرْضَاتِ اللّٰهِ (1)	فَسَوْفَ نُؤْتِیْهِ	اَجْرًا	عَظِیْمًا ﴿۱۱۴﴾	وَ	مَنْ
اللہ کی رضامندی چاہنے (کے لئے)	تو عنقریب ہم دیں گے اسے	اجر، ثواب	بڑا	اور	جو

اللہ کی رضامندی تلاش کرنے کے لئے یہ کام کرتا ہے تو اسے عنقریب ہم بڑا ثواب عطا فرمائیں گے ○ اور جو

یُّشَاقِقِ الرَّسُوْلَ مِنْۢ بَعْدِ مَا تَبَیَّنَ لَهُ الْهُدٰى

یُّشَاقِقِ (2)	الرَّسُوْلَ	مِنْۢ	بَعْدِ	مَا	تَبَیَّنَ	لَهُ	الْهُدٰى
مخالفت کرے	رسول (کی)	سے	(اس کے) بعد	جو	ظاہر ہو چکی	اس کے لئے	ہدایت

اس کے بعد کہ اس کے لئے ہدایت بالکل واضح ہو چکی رسول کی مخالفت کرے

وَیَتَّبِعْ غَیْرَ سَبِیْلِ الْمُؤْمِنِیْنَ نُوَلِّهٖ مَا تَوَلّٰى

وَ	یَتَّبِعْ	غَیْرَ سَبِیْلِ الْمُؤْمِنِیْنَ	نُوَلِّهٖ	مَا	تَوَلّٰى
اور	پیروی کرے	ایمان والوں کی راہ سے جدا (راستے کی)	ہم پھیر دیں گے اسے	جدھر	وہ پھرتا ہے

اور مسلمانوں کی راہ سے جدا راہ چلے تو ہم اسے ادھر ہی پھیر دیں گے جدھر وہ پھرتا ہے

وَنُصْلِهٖ جَهَنَّمَ ؕ وَسَآءَتْ مَصِیْرًا ﴿۱۱۵﴾ ع اِنَّ اللّٰهَ

وَ	نُصْلِهٖ	جَهَنَّمَ	وَ	سَآءَتْ	مَصِیْرًا ﴿۱۱۵﴾	اِنَّ	اللّٰهَ
اور	ہم داخل کریں گے اسے	جہنم (میں)	اور	کیا ہی بری	لوٹنے کی جگہ	بیشک	اللہ

اور اسے جہنم میں داخل کریں گے اور وہ کتنی بری لوٹنے کی جگہ ہے ○ اللہ

عنوان

صرف رضائے الٰہی کیلئے کئے جانے والے مشوروں پر ثواب ملے گا

رسول کریم صَلَّی اللّٰہُ تَعَالٰی عَلَیْہِ وَاٰلِہٖ وَسَلَّم کی مخالفت اور مسلمانوں کے راستے سے ہٹ کر چلنا جائز نہیں

بروزِ قیامت شرک کے علاوہ ہر گناہ بخشے جانے کی امید ہے

(1) ...... اچھے مشوروں پر اجر و ثواب ملتا ہے لیکن یہ اس صورت میں ہے جبکہ یہ اللہ عَزَّوَجَلَّ کی رضا کیلئے کئے جائیں، اگر ریاکاری کیلئے، اپنی واہ واہ کروانے کیلئے، خود کو بڑا لیڈر، یا مُصلِح کہلوانے کیلئے، لوگوں میں عزت و شہرت اور دولت حاصل کرنے کیلئے، نیک نامی کیلئے، بڑا عالم یا مبلغ یا متحرک کہلوانے کیلئے مشورے کئے تو یہ سراسر تباہی اور خسارہ ہے۔ (2) ...... اس آیت میں دو چیزوں سے منع کیا گیا ہے جو حقیقت میں ایک ہیں۔ (1) رسول صَلَّی اللّٰہُ تَعَالٰی عَلَیْہِ وَاٰلِہٖ وَسَلَّم کی مخالفت سے۔ (2) مسلمانوں کے راستے سے ہٹ کر چلنے سے، کیونکہ مسلمانوں کا راستہ اطاعتِ رسول کا راستہ ہے تو اس سے ہٹنا اطاعت رسول سے ہٹنا ہو گا۔

لَا يَغْفِرُ اَنْ يُّشْرَكَ بِهٖ وَ يَغْفِرُ مَا دُوْنَ ذٰلِكَ

لَا يَغْفِرُ (1)	اَنْ	يُّشْرَكَ	بِهٖ	وَ	يَغْفِرُ	مَا	دُوْنَ ذٰلِكَ
نہیں بخشتا	کہ	شریک ٹھہرایا جائے	اس کے ساتھ	اور	بخش دیتا ہے	جو (گناہ)	اس کے نیچے

اس بات کو نہیں بخشتا کہ اس کے ساتھ کسی کو شریک ٹھہرایا جائے اور اس سے نیچے جو کچھ ہے

لِمَنْ يَّشَآءُ ۚ وَ مَنْ يُّشْرِكْ بِاللّٰهِ فَقَدْ ضَلَّ

لِمَنْ	يَّشَآءُ (2)	وَ	مَنْ	يُّشْرِكْ	بِاللّٰهِ	فَقَدْ	ضَلَّ
جس کے لئے	وہ چاہے	اور	جو	شریک ٹھہرائے	اللہ کے ساتھ	تو بیشک	وہ بھٹک گیا

جسے چاہے معاف فرما دیتا ہے اور جو اللہ کا شریک ٹھہرائے وہ

ضَلٰلًا بَعِيْدًا ﴿١١٦﴾ اِنْ يَّدْعُوْنَ مِنْ دُوْنِهٖۤ اِلَّاۤ اِنٰثًا ۚ

ضَلٰلًا بَعِيْدًا ﴿١١٦﴾	اِنْ	يَّدْعُوْنَ	مِنْ	دُوْنِهٖۤ	اِلَّاۤ	اِنٰثًا
دور کی گمراہی (میں)	نہیں	وہ عبادت کرتے	سے	اس (اللہ) کے سوا	مگر	چند عورتوں (کی)

دور کی گمراہی میں جا پڑا ○ یہ شرک کرنے والے اللہ کے سوا عبادت نہیں کرتے مگر چند عورتوں کی

وَ اِنْ يَّدْعُوْنَ اِلَّا شَيْطٰنًا مَّرِيْدًا ﴿١١٧﴾ لَّعَنَهُ اللّٰهُ ۘ وَ

وَ	اِنْ	يَّدْعُوْنَ	اِلَّا	شَيْطٰنًا	مَّرِيْدًا ﴿١١٧﴾	لَّعَنَهُ	اللّٰهُ	وَ
اور	نہیں	وہ عبادت کرتے	مگر	شیطان	سرکش (کی)	لعنت فرمائی اس پر	اللہ (نے)	اور

اور یہ عبادت نہیں کرتے مگر سرکش شیطان کی ○ جس پر اللہ نے لعنت کی اور

قَالَ لَاَتَّخِذَنَّ مِنْ عِبَادِكَ نَصِيْبًا مَّفْرُوْضًا ﴿١١٨﴾ وَّ

قَالَ	لَاَتَّخِذَنَّ	مِنْ	عِبَادِكَ	نَصِيْبًا	مَّفْرُوْضًا ﴿١١٨﴾	وَّ
کہا	میں ضرور لوں گا	سے	تیرے بندوں	ایک حصہ	مقرر شدہ	اور

اس نے کہا: میں ضرور تیرے بندوں سے مقررہ حصہ لوں گا ○ اور

عنوان: بتوں کو پوجنے والے درحقیقت شیطان کے پجاری ہیں — شیطان کے بنیادی کام

وقف لازم

(1) یہ آیت اس بات کی قطعی دلیل ہے کہ شرک نہیں بخشا جائے گا جبکہ مشرک اپنے شرک پر مرے اور یہی حکم کفر کا ہے، ہاں کافر و مشرک زندگی میں توبہ کرے تو اس کی توبہ یقیناً مقبول ہے۔

(2) اس سے معلوم ہوا کہ کفر و شرک کے علاوہ گناہوں کی بخشش یقینی نہیں بلکہ امید ہے کیونکہ اللہ عَزَّوَجَلَّ نے فرمایا کہ جسے چاہے بخشے۔ اب اللہ عَزَّوَجَلَّ کسے چاہے گا یہ معلوم نہیں، لہٰذا یہ آیت گناہ پر دلیر نہیں کرتی بلکہ گناہ سے روکتی ہے۔

لَاُضِلَّنَّهُمْ وَلَاُمَنِّیَنَّهُمْ وَلَاٰمُرَنَّهُمْ

لَاُضِلَّنَّهُمْ	وَ	لَاُمَنِّیَنَّهُمْ (1)	وَ	لَاٰمُرَنَّهُمْ
ضرور میں گمراہ کروں گا انہیں	اور	ضرور امیدیں دلاؤں گا انہیں	اور	ضرور حکم دوں گا انہیں

میں ضرور انہیں گمراہ کروں گا اور انہیں امیدیں دلاؤں گا میں اور انہیں ضرور حکم دوں گا

فَلَیُبَتِّكُنَّ اٰذَانَ الْاَنْعَامِ وَلَاٰمُرَنَّهُمْ فَلَیُغَیِّرُنَّ

فَلَیُبَتِّكُنَّ	اٰذَانَ الْاَنْعَامِ	وَ	لَاٰمُرَنَّهُمْ	فَلَیُغَیِّرُنَّ (2)
تو ضرور وہ چیریں گے	چوپایوں کے کان	اور	ضرور حکم دوں گا انہیں	تو ضرور وہ بدل دیں گے

تو یہ ضرور جانوروں کے کان چیریں گے اور میں انہیں ضرور حکم دوں گا تو یہ اللہ کی پیدا کی ہوئی چیزیں

خَلْقَ اللّٰهِ ؕ وَمَنْ یَّتَّخِذِ الشَّیْطٰنَ وَلِیًّا مِّنْ دُوْنِ اللّٰهِ

خَلْقَ اللّٰهِ	وَ	مَنْ	یَّتَّخِذِ	الشَّیْطٰنَ	وَلِیًّا	مِّنْ	دُوْنِ اللّٰهِ
اللہ کی پیدا کی ہوئی چیزیں	اور	جو	بنائے	شیطان (کو)	دوست	سے	اللہ کے علاوہ

بدل دیں گے اور جو اللہ کو چھوڑ کر شیطان کو دوست بنائے

فَقَدْ خَسِرَ خُسْرَانًا مُّبِیْنًا ﴿۱۱۹﴾ یَعِدُهُمْ وَ

فَقَدْ	خَسِرَ	خُسْرَانًا	مُّبِیْنًا ﴿۱۱۹﴾	یَعِدُهُمْ	وَ
تو بیشک	اس نے نقصان اٹھایا	نقصان	کھلا	وہ وعدہ دیتا ہے انہیں	اور

تو وہ کھلے نقصان میں جا پڑا ○ شیطان انہیں وعدے دیتا ہے اور

یُمَنِّیْهِمْ ؕ وَمَا یَعِدُهُمُ الشَّیْطٰنُ اِلَّا غُرُوْرًا ﴿۱۲۰﴾ اُولٰٓئِكَ

یُمَنِّیْهِمْ	وَ	مَا یَعِدُهُمْ	الشَّیْطٰنُ	اِلَّا	غُرُوْرًا ﴿۱۲۰﴾	اُولٰٓئِكَ
امیدیں دلاتا ہے انہیں	اور	وعدہ نہیں دیتا انہیں	شیطان	مگر	فریب (کے)	یہ لوگ

آرزوئیں دلاتا ہے اور شیطان انہیں صرف فریب کے وعدے دیتا ہے ○ ان کا

عنوان: شیطان کو دوست بنانے والا کھلے نقصان میں ہے | شیطان صرف فریب کے وعدے دیتا ہے | شیطان کو دوست بنانے والوں کا ٹھکانہ جہنم ہے

(1)...... شیطان مردود کا بڑا مقصد لوگوں کو بہکانا اور عملی اعتبار سے ایسا کر دینا ہے کہ نجات و مغفرت کا کوئی راستہ باقی نہ رہے، اس کے لئے وہ مختلف طریقے اپناتا ہے، ان میں سے ایک یہ ہے کہ لمبے عرصے تک زندہ رہنے کی سوچ انسان کے دل، دماغ میں بٹھا کر موت سے غافل رکھتا ہے، حتی کہ اسی آس امید پر جیتے جیتے اچانک وہ وقت آجاتا ہے کہ موت اپنے دردناک شکنجے میں کس لیتی ہے اور ناچار اپنے کئے اعمال کے انجام سے دوچار ہونا پڑتا ہے۔ افسوس! فی زمانہ لوگوں کی اکثریت موت کو بھول کر دنیا کی لمبی امیدوں میں کھوئی ہوئی ہے۔ (2)...... اللہ عَزَّوَجَلَّ کی پیدا کی ہوئی چیزوں میں خلافِ شرع تبدیلیاں حرام ہیں۔

مَاْوٰىهُمْ جَهَنَّمُ ۫ وَلَا یَجِدُوْنَ عَنْهَا مَحِیْصًا ﴿۱۲۱﴾ وَالَّذِیْنَ

مَاْوٰىهُمْ	جَهَنَّمُ	وَ	لَا یَجِدُوْنَ	عَنْهَا	مَحِیْصًا ﴿۱۲۱﴾	وَ	الَّذِیْنَ
ان کا ٹھکانہ	جہنم	اور	وہ نہیں پائیں گے	اس سے	بچنے کی جگہ	اور	وہ لوگ جو

ٹھکانہ دوزخ ہے اور یہ اس سے بچنے کی جگہ نہ پائیں گے ○ اور جو

اٰمَنُوْا وَعَمِلُوا الصّٰلِحٰتِ سَنُدْخِلُهُمْ جَنّٰتٍ

اٰمَنُوْا (1)	وَ	عَمِلُوا	الصّٰلِحٰتِ	سَنُدْخِلُهُمْ	جَنّٰتٍ
ایمان لائے	اور	عمل کئے	اچھے، نیک	عنقریب ہم داخل کریں گے انہیں	باغوں (میں)

ایمان لائے اور اچھے کام کرے تو عنقریب ہم انہیں ایسے باغوں میں داخل کریں گے

تَجْرِیْ مِنْ تَحْتِهَا الْاَنْهٰرُ خٰلِدِیْنَ فِیْهَاۤ اَبَدًا ؕ وَعْدَ اللّٰهِ

تَجْرِیْ	مِنْ	تَحْتِهَا	الْاَنْهٰرُ	خٰلِدِیْنَ	فِیْهَاۤ	اَبَدًا	وَعْدَ اللّٰهِ
بہتی ہیں	سے	ان کے نیچے	نہریں	ہمیشہ رہنے والے	ان (باغوں) میں	ہمیشہ	اللہ کا وعدہ

جن کے نیچے نہریں بہتی ہیں، ان میں ہمیشہ ہمیشہ رہیں گے، (یہ) اللہ کا سچا

حَقًّا ؕ وَمَنْ اَصْدَقُ مِنَ اللّٰهِ قِیْلًا ﴿۱۲۲﴾ لَیْسَ

حَقًّا	وَ	مَنْ	اَصْدَقُ	مِنَ	اللّٰهِ	قِیْلًا ﴿۱۲۲﴾	لَیْسَ
سچا	اور	کون	زیادہ سچا	سے	اللہ	بات (میں)	نہیں ہے

وعدہ ہے اور اللہ سے زیادہ کس کی بات سچی ہے؟ ○ نہ

بِاَمَانِیِّكُمْ وَلَاۤ اَمَانِیِّ اَهْلِ الْكِتٰبِ ؕ مَنْ یَّعْمَلْ سُوْٓءًا

بِاَمَانِیِّكُمْ	وَ	لَاۤ	اَمَانِیِّ اَهْلِ الْكِتٰبِ (2)	مَنْ	یَّعْمَلْ	سُوْٓءًا
تمہاری امیدوں پر (بخشش کا مدار)	اور	نہ	اہلِ کتاب کی جھوٹی امیدوں (پر)	جو	کرے گا	برا کام

تمہاری جھوٹی امیدوں کی کوئی حیثیت ہے اور نہ ہی اہلِ کتاب کی جھوٹی امیدوں کی۔ جو کوئی برائی کرے گا

عنوان: باعمل مسلمانوں کے لئے جنت کا وعدہ | نجات کا دارو مدار کسی کی جھوٹی امید پر نہیں | برائی اور نیکی کرنے والے سے متعلق قانونِ الٰہی

1 ...... اس سے معلوم ہوا کہ ایمان اعمال پر مقدم ہے کیونکہ ایمان کے بغیر کوئی نیکی مقبول نہیں اور یہ بھی معلوم ہوا کہ ایمان کے ساتھ نیک اعمال کی بھی ضرورت ہے اور جو کہے کہ مسلمان کو نیک اعمال کی ضرورت نہیں وہ اس آیت کے خلاف کہتا ہے۔

2 ...... اس سے معلوم ہوا کہ صرف نسب اور نسبتوں پر فخر کرنا، اعمال کی کوشش نہ کرنا، پھر خود کو جنتی سمجھنا جھوٹی ہوس اور خام خیالی ہے۔ اس سے ان لوگوں کو عبرت حاصل کرنی چاہئے جو بزرگوں سے محبت کا دعویٰ کر کے خود کو نماز روزے سے بے نیاز سمجھتے ہیں۔

يُجْزَ بِهٖ ۙ وَلَا يَجِدْ لَهٗ مِنْ دُوْنِ اللّٰهِ وَلِيًّا							
يُجْزَ	بِهٖ	وَ	لَا يَجِدْ	لَهٗ	مِنْ	دُوْنِ اللّٰهِ	وَلِيًّا (1)
(تو) اسے بدلہ دیا جائے گا	اس کا	اور	وہ نہ پائے گا	اپنے لئے	سے	اللہ کے علاوہ	کوئی حمایتی
اسے اس کا بدلہ دیا جائے گا اور اللہ کے سوا نہ کوئی اپنا حمایتی پائے گا							

وَّلَا نَصِيْرًا ﴿۱۲۳﴾ وَمَنْ يَّعْمَلْ مِنَ الصّٰلِحٰتِ مِنْ ذَكَرٍ اَوْ										
وَّ	لَا	نَصِيْرًا ﴿۱۲۳﴾	وَ	مَنْ	يَّعْمَلْ	مِنَ	الصّٰلِحٰتِ	مِنْ	ذَكَرٍ	اَوْ
اور	نہ	کوئی مدد گار	اور	جو	کرے گا	سے	اچھے اعمال	سے	مرد (ہو)	یا
اور نہ مدد گار ○ اور جو کوئی مرد ہو یا عورت اچھے عمل کرے										

اُنْثٰى وَهُوَ مُؤْمِنٌ فَاُولٰٓئِكَ يَدْخُلُوْنَ الْجَنَّةَ وَ							
اُنْثٰى (2)	وَ	هُوَ	مُؤْمِنٌ (3)	فَاُولٰٓئِكَ	يَدْخُلُوْنَ	الْجَنَّةَ	وَ
عورت	اور	وہ	ایمان والا (ہو)	تو یہ لوگ	داخل ہوں گے	جنت (میں)	اور
اور وہ مسلمان بھی ہو تو یہی لوگ جنت میں داخل ہوں گے اور							

لَا يُظْلَمُوْنَ نَقِيْرًا ﴿۱۲۴﴾ وَمَنْ اَحْسَنُ دِيْنًا مِّمَّنْ						
لَا يُظْلَمُوْنَ	نَقِيْرًا ﴿۱۲۴﴾	وَ	مَنْ	اَحْسَنُ	دِيْنًا	مِّمَّنْ
ان پر ظلم نہیں کیا جائے گا	تل برابر	اور	کون	زیادہ اچھا	دین (میں)	(اس) سے جس نے
ان پر تل کے برابر بھی ظلم نہیں کیا جائے گا ○ اور اُس سے بہتر کس کا دین جس نے						

اَسْلَمَ وَجْهَهٗ لِلّٰهِ وَهُوَ مُحْسِنٌ وَّاتَّبَعَ							
اَسْلَمَ	وَجْهَهٗ	لِلّٰهِ	وَ	هُوَ	مُحْسِنٌ	وَّ	اتَّبَعَ
جھکا دیا	اپنا چہرہ	اللہ کے لئے	اور	وہ	نیکی کرنے والا (ہو)	اور	اس نے پیروی کی
اپنا چہرہ اللہ کے لئے جھکا دیا اور وہ نیکی کرنے والا ہو اور وہ							

عنوان اچھا دین تابعِ فرمان مسلمان کا ہے

1 ...... قیامت کے دن کفار کا کوئی حمایتی اور مدد گار نہیں ہو گا، وہاں ان کی دوستیاں اور رشتے داریاں دشمنی میں تبدیل ہو جائیں گی جبکہ ایمان والوں کے اس دن حمایتی اور مدد گار بہت ہوں گے۔ 2 ...... اعمال کی جزاء ملنے میں مرد اور عورت دونوں برابر ہیں، جتنا ثواب مرد کو نماز، روزہ، حج اور زکوٰۃ وغیرہ کا ملتا ہے اتنا ہی عورت کو ان اعمال پر ملے گا اگرچہ بعض اعمال میں عورت کو شریعت کی طرف سے تخفیف دی گئی ہے۔

3 ...... اس سے معلوم ہوا کہ نیک عمل کی قبولیت کے لئے ایمان شرط ہے اور بے ایمان کو کسی نیکی کا ثواب نہیں ملے گا۔

مِلَّةَ اِبْرٰهِيْمَ حَنِيْفًا ؕ وَ اتَّخَذَ اللّٰهُ اِبْرٰهِيْمَ					
مِلَّةَ اِبْرٰهِيْمَ	حَنِيْفًا	وَ	اتَّخَذَ	اللّٰهُ	اِبْرٰهِيْمَ
ابراہیم کے دین (کی)	(جو) ہر باطل سے جدا (تھے)	اور	بنالیا	اللہ (نے)	ابراہیم (کو)
ابراہیم کے دین کا پیروکار ہو جو ہر باطل سے جدا تھے اور اللہ نے ابراہیم کو					

خَلِيْلًا ﴿۱۲۵﴾ وَ لِلّٰهِ مَا فِي السَّمٰوٰتِ وَ مَا فِي الْاَرْضِ ؕ وَ							
خَلِيْلًا ﴿۱۲۵﴾ (1)	وَ	لِلّٰهِ	مَا	فِي السَّمٰوٰتِ	وَ	مَا	فِي الْاَرْضِ	وَ
گہرا دوست	اور	اللہ کے لئے	جو کچھ	آسمانوں میں	اور	جو کچھ	زمین میں	اور
اپنا گہرا دوست بنالیا ○ اور اللہ ہی کا ہے جو کچھ آسمانوں میں ہے اور جو کچھ زمین میں ہے اور								

كَانَ اللّٰهُ بِكُلِّ شَيْءٍ مُّحِيْطًا ﴿۱۲۶﴾ ع وَ يَسْتَفْتُوْنَكَ فِي						
كَانَ	اللّٰهُ	بِكُلِّ شَيْءٍ	مُّحِيْطًا ﴿۱۲۶﴾	وَ	يَسْتَفْتُوْنَكَ (2)	فِي
ہے	اللہ	ہر چیز کو	گھیرے ہوئے	اور	وہ فتویٰ مانگتے ہیں تم سے	(کے بارے) میں
اللہ ہر شے کو گھیرے ہوئے ہے ○ اور آپ سے عورتوں کے بارے میں						

النِّسَآءِ ؕ قُلِ اللّٰهُ يُفْتِيْكُمْ فِيْهِنَّ ۙ وَ مَا						
النِّسَآءِ	قُلِ	اللّٰهُ	يُفْتِيْكُمْ	فِيْهِنَّ	وَ	مَا
عورتوں	تم کہو	اللہ	فتویٰ دیتا ہے تمہیں	ان (کے بارے) میں	اور	(فتویٰ دیتا ہے وہ) جو
فتویٰ مانگتے ہیں: تم فرماؤ کہ اللہ اور جو کتاب تمہارے سامنے تلاوت کی جاتی ہے وہ تمہیں						

يُتْلٰى عَلَيْكُمْ فِي الْكِتٰبِ فِيْ يَتٰمَى النِّسَآءِ الّٰتِيْ						
يُتْلٰى	عَلَيْكُمْ	فِي	الْكِتٰبِ	فِيْ	يَتٰمَى النِّسَآءِ	الّٰتِيْ
پڑھا جاتا ہے	تمہارے اوپر	میں	کتاب	(کے بارے) میں	یتیم عورتوں، بچیوں	جو
ان (عورتوں) کے بارے میں فتویٰ دیتے ہیں (کہ ان کے حقوق ادا کرو) اور (وہ تمہیں فتویٰ دیتا ہے) ان یتیم لڑکیوں						

ع ۱۵/۸

عنوان: حضرت ابراہیم عَلَیْہِ الصَّلٰوۃُ وَالسَّلَام اللہ تعالیٰ کے خلیل ہیں | اللہ تعالیٰ کی عظمت و شان | عورتوں اور یتیم بچوں سے متعلق قرآنِ مجید کی تعلیمات

1 ...... خُلّت کے معنی ہیں غیر سے منقطع ہو جانا، یہ اس گہری دوستی کو کہا جاتا ہے جس میں دوست کے غیر سے انقطاع ہو جائے۔ ایک معنی یہ ہے کہ خلیل اس محب کو کہتے ہیں جس کی محبت کاملہ ہو اور اس میں کسی قسم کا خلل اور نقصان نہ ہو۔ یہ معنی حضرت ابراہیم عَلَیْہِ الصَّلٰوۃُ وَالسَّلَام میں پائے جاتے ہیں۔

2 ...... قرآن پاک میں عورتوں، یتیموں، بیواؤں اور معاشرے کے کمزور و محروم افراد کیلئے بہت زیادہ ہدایات دی گئی ہیں۔ اس سے معلوم ہوا کہ یتیموں، بیواؤں، عورتوں، کمزوروں اور محروم لوگوں کو ان کے حقوق دلانا اللہ عَزَّوَجَلَّ کی سنت ہے اور اس کیلئے کوشش کرنا اللہ عَزَّوَجَلَّ کو بہت پسند ہے۔

لَا تُؤْتُوْنَهُنَّ مَا كُتِبَ لَهُنَّ وَ تَرْغَبُوْنَ اَنْ

لَا تُؤْتُوْنَهُنَّ	مَا	كُتِبَ	لَهُنَّ	وَ	تَرْغَبُوْنَ	اَنْ
تم نہیں دیتے انہیں	(وہ حصہ) جو	لکھا گیا، مقرر کیا گیا	ان کے لئے	اور	تم بے رغبتی کرتے ہو	کہ

کے بارے میں جنہیں تم ان کا مقرر کیا ہوا (میراث کا) حصہ نہیں دیتے اور ان سے نکاح کرنے سے

تَنْكِحُوْهُنَّ وَ الْمُسْتَضْعَفِیْنَ مِنَ الْوِلْدَانِ ۙ وَ اَنْ

تَنْكِحُوْهُنَّ	وَ	الْمُسْتَضْعَفِیْنَ	مِنَ	الْوِلْدَانِ	وَ	اَنْ
نکاح کرو ان سے	اور	کمزور	سے (یعنی)	بچے	اور	یہ کہ

بے رغبتی کرتے ہو (حکم یہ دیتا ہے کہ تم یہ کام نہ کرو۔) اور کمزور بچوں کے بارے میں

تَقُوْمُوْا لِلْیَتٰمٰى بِالْقِسْطِ ؕ وَ مَا تَفْعَلُوْا مِنْ خَیْرٍ فَاِنَّ اللّٰهَ

تَقُوْمُوْا	لِلْیَتٰمٰى	بِالْقِسْطِ	وَ	مَا	تَفْعَلُوْا	مِنْ	خَیْرٍ	فَاِنَّ	اللّٰهَ
تم قائم رہو	یتیموں کے لئے	انصاف پر	اور	جو	تم کرو	سے	بھلائی	تو بیشک	اللہ

(فتویٰ دیتا ہے کہ ان کے حقوق ادا کرو) اور یتیموں کے حق میں انصاف پر قائم رہو اور تم جو نیکی کرتے ہو تو اللہ

كَانَ بِهٖ عَلِیْمًا ﴿۱۲۷﴾ وَ اِنِ امْرَاَةٌ خَافَتْ مِنْۢ

كَانَ	بِهٖ	عَلِیْمًا ﴿۱۲۷﴾	وَ	اِنِ	امْرَاَةٌ	خَافَتْ (1)	مِنْۢ
ہے	اس کو	جاننے والا	اور	اگر	کوئی عورت	خوف کرے، اندیشہ کرے	سے

اسے جانتا ہے ○ اور اگر کسی عورت کو اپنے شوہر کی

بَعْلِهَا نُشُوْزًا اَوْ اِعْرَاضًا فَلَا جُنَاحَ عَلَیْهِمَاۤ اَنْ یُّصْلِحَا

بَعْلِهَا	نُشُوْزًا	اَوْ	اِعْرَاضًا	فَلَا	جُنَاحَ	عَلَیْهِمَاۤ	اَنْ	یُّصْلِحَا
اپنے شوہر	زیادتی	یا	بے رغبتی (کا)	تو نہیں	کوئی گناہ	ان دونوں پر	کہ	صلح کرلیں

زیادتی یا بے رغبتی کا اندیشہ ہو تو ان پر کوئی حرج نہیں کہ آپس میں

عنوان گھریلو زندگی میں بگاڑ کا سبب بننے والی ایک خرابی کی اصلاح

(1) ..... قرآن نے گھریلو زندگی اور معاشرتی برائیوں کی اصلاح پر بہت زور دیا ہے اسی لئے جو گناہ معاشرے میں بگاڑ کا سبب بنتے ہیں اور جو چیزیں خاندانی نظام میں بگاڑ کا سبب بنتی اور خرابیوں کو جنم دیتی ہیں ان کی قرآن میں بار بار اصلاح فرمائی گئی ہے جیسے یہاں عورت کو شوہر کی طرف سے زیادتی اور بے رغبتی کا اندیشہ ہونے پر آپس میں افہام و تفہیم سے صلح کرنے کا فرمایا گیا اور یہ واضح کر دیا گیا کہ آپس میں صلح کرلینا زیادتی کرنے اور جدائی ہو جانے دونوں سے بہتر ہے کیونکہ طلاق اگرچہ بعض صورتوں میں جائز ہے مگر اللہ عَزَّوَجَلَّ کی بارگاہ میں نہایت ناپسندیدہ چیز ہے۔

بَیۡنَهُمَا صُلۡحًا ؕ وَ الصُّلۡحُ خَیۡرٌ ؕ وَ اُحۡضِرَتِ الۡاَنۡفُسُ							
بَیۡنَهُمَا	صُلۡحًا	وَ	الصُّلۡحُ	خَیۡرٌ	وَ	اُحۡضِرَتِ	الۡاَنۡفُسُ
اپنے درمیان	صلح (کرنا)	اور	صلح	بہتر (ہے)	اور	قریب کردی گئیں	جانیں
صلح کرلیں اور صلح بہتر ہے اور دل کو لالچ کے قریب کردیا گیا							

الشُّحَّ ؕ وَ اِنۡ تُحۡسِنُوۡا وَ تَتَّقُوۡا فَاِنَّ اللّٰهَ							
الشُّحَّ (1)	وَ	اِنۡ	تُحۡسِنُوۡا	وَ	تَتَّقُوۡا	فَاِنَّ	اللّٰهَ
بخل، لالچ (کے)	اور	اگر	تم نیکی کرو	اور	پرہیزگاری اختیار کرو	تو بیشک	اللّٰه
ہے۔ اور اگر تم نیکی اور پرہیزگاری اختیار کرو تو اللّٰه کو							

كَانَ بِمَا تَعۡمَلُوۡنَ خَبِیۡرًا ﴿۱۲۸﴾ وَ لَنۡ تَسۡتَطِیۡعُوۡۤا اَنۡ						
كَانَ	بِمَا	تَعۡمَلُوۡنَ	خَبِیۡرًا ﴿۱۲۸﴾	وَ	لَنۡ تَسۡتَطِیۡعُوۡۤا	اَنۡ
ہے	(اس) پر جو	تم کرتے ہو	خبردار	اور	ہرگز تم طاقت نہ رکھو گے	کہ
تمہارے کاموں کی خبر ہے ○ اور تم سے ہرگز نہ ہوسکے گا کہ						

تَعۡدِلُوۡا بَیۡنَ النِّسَآءِ وَ لَوۡ حَرَصۡتُمۡ فَلَا تَمِیۡلُوۡا				
تَعۡدِلُوۡا	بَیۡنَ النِّسَآءِ	وَ لَوۡ	حَرَصۡتُمۡ	فَلَا تَمِیۡلُوۡا
عدل کرو	عورتوں کے درمیان	اگرچہ	تم حرص کرو	پس نہ جھک جاؤ (ایک بیوی کی طرف)
عورتوں کو برابر رکھو اگرچہ تم کتنی ہی (اس کی) حرص کرو تو یہ نہ کرو کہ (ایک ہی بیوی کی طرف)				

كُلَّ الۡمَیۡلِ فَتَذَرُوۡهَا كَالۡمُعَلَّقَةِ ؕ وَ اِنۡ تُصۡلِحُوۡا وَ						
كُلَّ الۡمَیۡلِ	فَتَذَرُوۡهَا	كَالۡمُعَلَّقَةِ	وَ	اِنۡ	تُصۡلِحُوۡا	وَ
پورا جھک جانا	کہ چھوڑ دو اس (دوسری) کو	جیسے لٹکی ہوئی	اور	اگر	اصلاح کرلو، نیکی کرو	اور
پورے پورے جھک جاؤ اور دوسری لٹکتی ہوئی چھوڑ دو اور اگر تم نیکی اور						

عنوان: بیویوں کے لازمی حقوق میں یکساں برتاؤ کرنے کا حکم

(1)...... میاں بیوی کے اعتبار سے بھی اور اس سے ہٹ کر بھی معاملہ یہ ہے کہ دل لالچ کے پھندے میں پھنسے ہوئے ہیں، ہر ایک اپنی راحت و آسائش چاہتا ہے اور اپنے اوپر کچھ مشقت گوارا کرکے دوسرے کی آسائش کو ترجیح نہیں دیتا۔ لہٰذا جو شخص دوسرے کی راحت کو مقدم رکھتا ہے اور خود تکلیف اٹھا کر دوسروں کو سکون پہنچاتا ہے وہ بہت باہمت ہے۔

تَتَّقُوۡا فَاِنَّ اللّٰہَ کَانَ غَفُوۡرًا رَّحِیۡمًا ﴿۱۲۹﴾ وَ اِنۡ یَّتَفَرَّقَا

تَتَّقُوۡا	فَاِنَّ	اللّٰہَ	کَانَ	غَفُوۡرًا	رَّحِیۡمًا ﴿۱۲۹﴾	وَ	اِنۡ	یَّتَفَرَّقَا (1)
پرہیز گار بنو	تو بیشک	اللہ	ہے	بخشنے والا	مہربان	اور	اگر	وہ دونوں جدا ہو جائیں

پرہیز گاری اختیار کرو تو بیشک اللہ بخشنے والا مہربان ہے ○ اور اگر وہ (میاں بیوی) دونوں جدا ہو جائیں

یُغۡنِ اللّٰہُ کُلًّا مِّنۡ سَعَتِہٖ ؕ وَ کَانَ اللّٰہُ وَاسِعًا

یُغۡنِ	اللّٰہُ	کُلًّا	مِّنۡ	سَعَتِہٖ	وَ	کَانَ	اللّٰہُ	وَاسِعًا
(تو) بے نیاز کردے گا	اللہ	ہر ایک (کو)	سے	اپنی وسعت	اور	ہے	اللہ	وسعت والا

تو اللہ اپنی وسعت سے ہر ایک کو دوسرے سے بے نیاز کردے گا اور اللہ وسعت والا،

حَکِیۡمًا ﴿۱۳۰﴾ وَ لِلّٰہِ مَا فِی السَّمٰوٰتِ وَ مَا فِی الۡاَرۡضِ ؕ وَ

حَکِیۡمًا ﴿۱۳۰﴾	وَ	لِلّٰہِ	مَا	فِی السَّمٰوٰتِ	وَ	مَا	فِی الۡاَرۡضِ	وَ
حکمت والا	اور	اللہ کے لئے	جو کچھ	آسمانوں میں	اور	جو کچھ	زمین میں	اور

حکمت والا ہے ○ اور اللہ ہی کا ہے جو کچھ آسمانوں میں ہے اور جو کچھ زمین میں اور

لَقَدۡ وَصَّیۡنَا الَّذِیۡنَ اُوۡتُوا الۡکِتٰبَ مِنۡ قَبۡلِکُمۡ

لَقَدۡ	وَصَّیۡنَا	الَّذِیۡنَ	اُوۡتُوا	الۡکِتٰبَ	مِنۡ	قَبۡلِکُمۡ
ضرور بیشک	ہم نے تاکید فرمادی	ان لوگوں کو جو (جنہیں)	دی گئی	کتاب	سے	تم سے پہلے

بیشک ہم نے ان لوگوں کو جنہیں تم سے پہلے کتاب دی گئی

وَ اِیَّاکُمۡ اَنِ اتَّقُوا اللّٰہَ ؕ وَ اِنۡ تَکۡفُرُوۡا فَاِنَّ

وَ	اِیَّاکُمۡ	اَنِ	اتَّقُوا	اللّٰہَ	وَ	اِنۡ	تَکۡفُرُوۡا	فَاِنَّ
اور	تمہیں (بھی تاکید کردی)	کہ	ڈرتے رہو	اللہ (سے)	اور	اگر	تم انکار کرو	تو بیشک

اور تمہیں بھی تاکید فرمادی ہے کہ اللہ سے ڈرتے رہو اور اگر نہ مانو تو بیشک

عنوان: طلاق ہو جائے تو میاں بیوی اللہ تعالیٰ پر توکل کریں | اللہ تعالیٰ سب کا مالک اور بے نیاز ہے

(1)...... اس آیت سے معلوم ہوا کہ نہ عورت بالکل مرد کی محتاج ہے اور نہ مرد بالکل عورت کا حاجت مند، سب رب عَزَّوَجَلَّ کے حاجت مند ہیں، ایک دوسرے کے بغیر کام چل سکتا ہے۔ عام طور پر طلاق کے بعد عورت اور اس کے گھر والے بہت غمزدہ ہوتے ہیں۔ ایسے موقع پر اگر یہ آیت مبارکہ بار بار پڑھی جائے تو اِنۡ شَآءَ اللّٰہُ عَزَّوَجَلَّ دل کو تسکین ملے گی اور اللہ عَزَّوَجَلَّ مناسب حل بھی عطا فرمادے گا۔

لِلّٰهِ مَا فِی السَّمٰوٰتِ وَمَا فِی الْاَرْضِ ؕ وَكَانَ اللّٰهُ

لِلّٰهِ	مَا	فِی السَّمٰوٰتِ	وَ	مَا	فِی الْاَرْضِ	وَ	كَانَ	اللّٰهُ
اللہ کے لئے	جو کچھ	آسمانوں میں	اور	جو کچھ	زمین میں	اور	ہے	اللہ

اللہ ہی کا ہے جو کچھ آسمانوں میں ہے اور جو کچھ زمین میں ہے اور اللہ

غَنِیًّا حَمِیْدًا ﴿۱۳۱﴾ وَلِلّٰهِ مَا فِی السَّمٰوٰتِ وَمَا

غَنِیًّا	حَمِیْدًا ﴿۱۳۱﴾	وَ	لِلّٰهِ	مَا	فِی السَّمٰوٰتِ	وَ	مَا
بے نیاز، بے پرواہ	سب خوبیوں والا	اور	اللہ کے لئے	جو کچھ	آسمانوں میں	اور	جو کچھ

بے نیاز ہے، خوبیوں کا مالک ہے ○ اور اللہ ہی کا ہے جو کچھ آسمانوں میں ہے اور جو کچھ

فِی الْاَرْضِ ؕ وَكَفٰی بِاللّٰهِ وَكِیْلًا ﴿۱۳۲﴾ اِنْ یَّشَاْ یُذْهِبْكُمْ اَیُّهَا

فِی الْاَرْضِ	وَ	كَفٰی	بِاللّٰهِ	وَكِیْلًا ﴿۱۳۲﴾	اِنْ	یَّشَاْ	یُذْهِبْكُمْ	اَیُّهَا
زمین میں	اور	کافی ہے	اللہ	کارساز	اگر	وہ چاہے	(تو) لے جائے تمہیں	اے

زمین میں اور اللہ کافی کارساز ہے ○ اے لوگو! اگر وہ چاہے تو تمہیں لے جائے

النَّاسُ وَیَاْتِ بِاٰخَرِیْنَ ؕ وَكَانَ اللّٰهُ عَلٰی ذٰلِكَ قَدِیْرًا ﴿۱۳۳﴾

النَّاسُ	وَ	یَاْتِ	بِاٰخَرِیْنَ	وَ	كَانَ	اللّٰهُ	عَلٰی ذٰلِكَ	قَدِیْرًا ﴿۱۳۳﴾
لوگو	اور	لے آئے	دوسروں کو	اور	ہے	اللہ	اس پر	قدرت والا (ہے)

اور دوسروں کو لے آئے اور اللہ اس پر قادر ہے ○

مَنْ كَانَ یُرِیْدُ ثَوَابَ الدُّنْیَا فَعِنْدَ اللّٰهِ ثَوَابُ الدُّنْیَا وَ

مَنْ	كَانَ	یُرِیْدُ (1)	ثَوَابَ الدُّنْیَا	فَعِنْدَ اللّٰهِ	ثَوَابُ الدُّنْیَا	وَ
جو	ہو	چاہتا	دنیا کا ثواب، انعام	تو اللہ کے پاس	دنیا کا ثواب، انعام	اور

جو دنیا کا انعام چاہتا ہے تو دنیا و آخرت کا انعام اللہ ہی کے

عنوان نیکیوں کے ذریعے دنیا طلب کرنے والا ثواب سے محروم ہے

1 ...... اس کا معنی یہ ہے کہ جسے اپنے عمل سے دنیا مقصود ہو وہ دنیا تو پا سکتا ہے لیکن ثوابِ آخرت سے محروم رہتا ہے اور جس نے رضائے الٰہی اور ثوابِ آخرت کے لئے عمل کیا ہو تو اللہ عَزَّوَجَلَّ دنیا و آخرت دونوں میں ثواب دینے والا ہے، لہٰذا جو شخص اللہ عَزَّوَجَلَّ سے فقط دنیا کا طالب ہو وہ نادان، خسیس اور کم ہمت ہے۔ جب اللہ عَزَّوَجَلَّ کے پاس دنیا و آخرت سب کچھ ہے تو اس سے دنیا و آخرت کی بھلائی مانگو۔

ع ١٩ ١٦

الْاٰخِرَةِ ؕ وَكَانَ اللّٰهُ سَمِیْعًۢا بَصِیْرًا ﴿۱۳۴﴾ یٰۤاَیُّهَا الَّذِیْنَ اٰمَنُوْا

الْاٰخِرَةِ	وَ	كَانَ	اللّٰهُ	سَمِیْعًا	بَصِیْرًا ﴿۱۳۴﴾	یٰۤاَیُّهَا	الَّذِیْنَ	اٰمَنُوْا
آخرت (کا)	اور	ہے	اللہ	سننے والا	دیکھنے والا	اے	وہ لوگو جو	ایمان لائے

پاس ہے اور اللہ ہی سنتا دیکھتا ہے ○ اے ایمان والو!

كُوْنُوْا قَوّٰمِیْنَ بِالْقِسْطِ شُهَدَآءَ لِلّٰهِ وَلَوْ

كُوْنُوْا	قَوّٰمِیْنَ	بِالْقِسْطِ (1)	شُهَدَآءَ	لِلّٰهِ	وَلَوْ
ہو جاؤ	خوب قائم رہنے والے	انصاف پر	گواہی دینے والے	اللہ کے لئے	اگرچہ

اللہ کے لئے گواہی دیتے ہوئے انصاف پر خوب قائم ہو جاؤ چاہے

عَلٰۤی اَنْفُسِكُمْ اَوِ الْوَالِدَیْنِ وَالْاَقْرَبِیْنَ ۚ اِنْ یَّكُنْ

عَلٰۤی	اَنْفُسِكُمْ	اَوِ	الْوَالِدَیْنِ	وَ	الْاَقْرَبِیْنَ	اِنْ	یَّكُنْ
پر (کے خلاف)	تمہاری جانوں	یا	ماں باپ	اور	رشتہ داروں (کے خلاف ہو)	اگر	وہ ہو

تمہارے اپنے یا والدین یا رشتے داروں کے خلاف ہی (گواہی) ہو۔

غَنِیًّا اَوْ فَقِیْرًا فَاللّٰهُ اَوْلٰى بِهِمَا ۫ فَلَا تَتَّبِعُوا

غَنِیًّا	اَوْ	فَقِیْرًا	فَاللّٰهُ	اَوْلٰى	بِهِمَا	فَلَا تَتَّبِعُوا
مالدار	یا	فقیر	پس اللہ	زیادہ قریب ہے	ان دونوں کے	تو (گواہی دینے میں) پیچھے نہ چلو

جس پر گواہی دو وہ غنی ہو یا فقیر بہر حال اللہ ان کے زیادہ قریب ہے تو

الْهَوٰۤى اَنْ تَعْدِلُوْا ۚ وَاِنْ تَلْوٗۤا

الْهَوٰۤى	اَنْ	تَعْدِلُوْا	وَ	اِنْ	تَلْوٗۤا
خواہش (کے)	کہ	عدل نہ کرو (یا راہِ راست سے) ہٹ جاؤ	اور	اگر	تم ہیر پھیر کرو (گواہی میں)

(نفس کی) خواہش کے پیچھے نہ چلو کہ عدل نہ کرو۔ اگر تم ہیر پھیر کرو

عنوان عدل و انصاف اور ان کے تقاضے پورے کرنے کا حکم

(1)...... یہ آیت دین اسلام کی شاہکار تعلیم پر مشتمل ہے۔ اس میں انصاف کے تقاضے پورے کرنے میں رکاوٹ بننے والی چیزیں جیسے اقرباء پروری، رشتے داروں کی طرف داری کرنا، تعلق والوں کی رعایت کرنا، کسی کی امیری کی وجہ سے اس کی حمایت کرنا یا کسی کی غریبی پر ترس کھا کر دوسرے فریق پر زیادتی کر دینا، بیان فرما کر یہ حکم دیا گیا ہے کہ فیصلہ کرتے ہوئے اور گواہی دیتے ہوئے جو صحیح حکم ہے اس کے مطابق چلو اور کسی قسم کی تعلق داری کا لحاظ نہ کرو حتی کہ اگر تمہارا فیصلہ یا تمہاری گواہی تمہارے سگے ماں باپ کے بھی خلاف ہو تو عدل سے نہ ہٹو۔

اَوْ تُعْرِضُوْا فَاِنَّ اللّٰهَ كَانَ بِمَا

اَوْ	تُعْرِضُوْا	فَاِنَّ	اللّٰهَ	كَانَ	بِمَا
یا	(گواہی دینے سے) منہ پھیرو	تو بیشک	اللہ	ہے	(اس) پر جو

یا منہ پھیرو تو اللہ کو تمہارے

تَعْمَلُوْنَ خَبِيْرًا ﴿۱۳۵﴾ يٰۤاَيُّهَا الَّذِيْنَ اٰمَنُوْۤا اٰمِنُوْا

تَعْمَلُوْنَ	خَبِيْرًا ﴿۱۳۵﴾	يٰۤاَيُّهَا	الَّذِيْنَ	اٰمَنُوْۤا	اٰمِنُوْا(1)
تم کرتے ہو	خبردار	اے	وہ لوگو جو	ایمان لائے	ایمان رکھو

کاموں کی خبر ہے ۝ اے ایمان والو!

بِاللّٰهِ وَرَسُوْلِهٖ وَالْكِتٰبِ الَّذِیْ نَزَّلَ

بِاللّٰهِ	وَ	رَسُوْلِهٖ	وَ	الْكِتٰبِ	الَّذِیْ	نَزَّلَ
اللہ پر	اور	اس کے رسول	اور	(اس) کتاب (پر)	جو	اس نے نازل کی

اللہ اور اس کے رسول پر اور اس کتاب پر جو اس نے

عَلٰى رَسُوْلِهٖ وَالْكِتٰبِ الَّذِیْۤ اَنْزَلَ مِنْ

عَلٰى	رَسُوْلِهٖ(2)	وَ	الْكِتٰبِ	الَّذِیْۤ	اَنْزَلَ	مِنْ
پر	اپنے رسول	اور	(اس) کتاب (پر)	جو	نازل کی	سے

اپنے رسول پر اتاری اور اس کتاب پر جو اس سے پہلے نازل کی

قَبْلُ ؕ وَمَنْ يَّكْفُرْ بِاللّٰهِ وَمَلٰٓئِكَتِهٖ وَ

قَبْلُ	وَ	مَنْ	يَّكْفُرْ	بِاللّٰهِ	وَ	مَلٰٓئِكَتِهٖ	وَ
(اس سے) پہلے	اور	جو	انکار کرے	اللہ کا	اور	اس کے فرشتوں	اور

(ان سب پر ہمیشہ) ایمان رکھو اور جو اللہ اور اس کے فرشتوں اور

عنوان: مسلمانوں کو ایمان پر ثابت قدمی کا حکم | کفر کرنے والا دور کی گمراہی میں جا پڑا

(1)...... اگر یہ خطاب حقیقی مسلمانوں کو ہے تو اس کا معنیٰ ہوگا کہ ایمان پر ثابت قدم رہو۔ اور اگر یہ خطاب یہود و نصاریٰ سے ہو تو معنیٰ یہ ہوں گے کہ اے بعض کتابوں اور بعض رسولوں پر ایمان لانے والو! تم مکمل ایمان لاؤ۔ اور اگر یہ خطاب منافقین سے ہو تو اس کے معنی یہ ہوں گے کہ اے ایمان کا ظاہری دعویٰ کرنے والو! اخلاص کے ساتھ ایمان لے آؤ۔ (2)...... یہاں رسول سے حضور اقدس صَلَّى اللّٰهُ تَعَالٰى عَلَيْهِ وَاٰلِهٖ وَسَلَّمَ اور کتاب سے قرآن پاک مراد ہے۔ یاد رکھیں کہ موجودہ زمانے میں اہلِ ایمان کا لفظ حقیقی معنیٰ کے اعتبار سے صرف مسلمانوں پر بولا جاسکتا ہے، کسی اور مذہب والے پر یہ لفظ نہیں بول سکتے۔

كُتُبِهٖ وَرُسُلِهٖ وَالْيَوْمِ الْاٰخِرِ فَقَدْ

كُتُبِهٖ	وَ	رُسُلِهٖ	وَ	الْيَوْمِ الْاٰخِرِ	فَقَدْ
اس کی کتابوں	اور	اس کے رسولوں	اور	آخرت کے دن (کا)	تو بیشک

اس کی کتابوں اور اس کے رسولوں اور قیامت کو نہ مانے تو وہ ضرور

ضَلَّ ضَلٰلًۢا بَعِيْدًا ﴿١٣٦﴾ اِنَّ الَّذِيْنَ اٰمَنُوْا ثُمَّ

ضَلَّ	ضَلٰلًۢا بَعِيْدًا ﴿١٣٦﴾	اِنَّ	الَّذِيْنَ	اٰمَنُوْا	ثُمَّ
وہ بھٹک گیا	دور کی گمراہی (میں)	بیشک	وہ لوگ جو	ایمان لائے	پھر

دور کی گمراہی میں جا پڑا ○ بیشک وہ لوگ جو ایمان لائے پھر

كَفَرُوْا ثُمَّ اٰمَنُوْا ثُمَّ كَفَرُوْا ثُمَّ ازْدَادُوْا

كَفَرُوْا(1)	ثُمَّ	اٰمَنُوْا	ثُمَّ	كَفَرُوْا	ثُمَّ	ازْدَادُوْا
انہوں نے کفر کیا	پھر	ایمان لائے	پھر	کفر کیا	پھر	بڑھ گئے

کافر ہوگئے پھر ایمان لائے پھر کافر ہوگئے پھر کفر میں اور بڑھ گئے

كُفْرًا لَّمْ يَكُنِ اللّٰهُ لِيَغْفِرَ لَهُمْ وَلَا

كُفْرًا	لَّمْ يَكُنِ اللّٰهُ لِيَغْفِرَ	لَهُمْ	وَ	لَا
کفر (میں)	اللہ ہرگز نہیں مغفرت فرمائے گا	ان کی	اور	نہ

تو اللہ ہرگز نہ انہیں بخشے گا اور نہ

لِيَهْدِيَهُمْ سَبِيْلًا ﴿١٣٧﴾ بَشِّرِ الْمُنٰفِقِيْنَ بِاَنَّ

لِيَهْدِيَهُمْ	سَبِيْلًا ﴿١٣٧﴾	بَشِّرِ	الْمُنٰفِقِيْنَ	بِاَنَّ
وہ ہدایت دے گا انہیں	راستے (کی)	خوشخبری دو	منافقوں (کو)	کہ

انہیں راہ دکھائے گا ○ منافقوں کو خوشخبری دو کہ

عنوان: کفر پر قائم رہنے اور حالتِ کفر میں مرنے والا نہیں بخشا جائے گا — منافقوں کے لئے دردناک عذاب کی وعید

(1) ...... حضرت عبد اللہ بن عباس رَضِیَ اللہُ تَعَالٰی عَنْہُ فرماتے ہیں کہ یہ آیت یہودیوں کے بارے میں نازل ہوئی جو حضرت موسیٰ عَلَیْہِ الصَّلٰوۃُ وَالسَّلَام پر ایمان لائے پھر بچھڑے کی پوجا کر کے کافر ہوئے پھر اس کے بعد ایمان لائے پھر حضرت عیسیٰ عَلَیْہِ الصَّلٰوۃُ وَالسَّلَام اور انجیل کا انکار کر کے کافر ہوگئے پھر محمد مصطفیٰ صَلَّی اللہُ تَعَالٰی عَلَیْہِ وَاٰلِہٖ وَسَلَّم اور قرآن کا انکار کر کے اور کفر میں بڑھ گئے۔ یہ کفر پر قائم رہیں اور حالتِ کفر ہی میں مریں تو اللہ تعالیٰ ہرگز انہیں نہ بخشے گا۔

لَهُمْ عَذَابًا اَلِيْمًا ﴿۱۳۸﴾ الَّذِيْنَ يَتَّخِذُوْنَ الْكٰفِرِيْنَ

لَهُمْ	عَذَابًا	اَلِيْمًا ﴿۱۳۸﴾	الَّذِيْنَ	يَتَّخِذُوْنَ (1)	الْكٰفِرِيْنَ
ان کے لئے	عذاب	دردناک	وہ لوگ جو	بناتے ہیں	کافروں (کو)

ان کے لئے دردناک عذاب ہے ○ وہ جو مسلمانوں کو چھوڑ کر

اَوْلِيَآءَ مِنْ دُوْنِ الْمُؤْمِنِيْنَ ؕ اَيَبْتَغُوْنَ عِنْدَهُمُ

اَوْلِيَآءَ	مِنْ	دُوْنِ الْمُؤْمِنِيْنَ	اَيَبْتَغُوْنَ	عِنْدَهُمُ
دوست	سے	ایمان والوں کے علاوہ	کیا وہ تلاش کرتے ہیں	ان کے پاس

کافروں کو دوست بناتے ہیں۔ کیا یہ ان کے پاس عزت

الْعِزَّةَ فَاِنَّ الْعِزَّةَ لِلّٰهِ جَمِيْعًا ﴿۱۳۹﴾ ؕ وَقَدْ

الْعِزَّةَ	فَاِنَّ	الْعِزَّةَ	لِلّٰهِ	جَمِيْعًا ﴿۱۳۹﴾	وَ	قَدْ
عزت	تو بیشک	عزت	اللہ کے لئے	ساری	اور	بیشک

ڈھونڈتے ہیں؟ تو تمام عزتوں کا مالک اللہ ہے ○ اور بیشک

نَزَّلَ عَلَيْكُمْ فِى الْكِتٰبِ اَنْ اِذَا سَمِعْتُمْ

نَزَّلَ	عَلَيْكُمْ	فِى	الْكِتٰبِ	اَنْ	اِذَا	سَمِعْتُمْ
اس نے نازل کردیا	تمہارے اوپر	میں	کتاب	کہ	جب	تم سنو

اللہ تم پر کتاب میں یہ حکم نازل فرماچکا ہے کہ جب تم سنو کہ

اٰيٰتِ اللّٰهِ يُكْفَرُ بِهَا وَيُسْتَهْزَاُ بِهَا

اٰيٰتِ اللّٰهِ	يُكْفَرُ	بِهَا	وَ	يُسْتَهْزَاُ	بِهَا
اللہ کی آیتیں	انکار کیا جارہا ہے	ان کا	اور	مذاق کیا جارہا ہے	ان کے ساتھ

اللہ کی آیتوں کا انکار کیا جارہا ہے اور ان کا مذاق اڑایا جارہا ہے

عنوان
- منافقوں کی ایک حرکت: مسلمانوں کو چھوڑ کر کافروں کو دوست بنانا
- آیاتِ الٰہی کا انکار کرنے اور مذاق اڑانے والوں کے پاس نہ بیٹھا جائے

(1) منافق لوگ مسلمانوں کو چھوڑ کر کافروں کو دوست بناتے تھے کیونکہ ان کا خیال تھا کہ اسلام غالب نہ ہوگا، اس لئے وہ کفار کو قوت و شوکت والا سمجھ کر ان سے دوستی کرتے تھے اور ان سے ملنے میں عزت جانتے تھے۔ ان کے طرزِ عمل کو سامنے رکھ کر آج دنیا کے حالات کو دیکھیں تو معلوم ہوگا کہ یہ مرض آج کل بکثرت پایا جارہا ہے، اپنوں کو چھوڑ کر بیگانوں سے دوستیاں، مسلمانوں کو چھوڑ کر کافروں سے پیار، باہمی اتحاد سے عزت حاصل کرنے کی بجائے کفار کے قدموں میں بیٹھ کر عزت حاصل کرنے کی کوشش کرنا مسلمان قوم میں کس طرح سرایت کئے ہوئے ہے۔

فَلَا تَقْعُدُوْا مَعَهُمْ حَتّٰى يَخُوْضُوْا فِیْ				
فَلَا تَقْعُدُوْا (1)	مَعَهُمْ	حَتّٰى	يَخُوْضُوْا	فِیْ
تو نہ بیٹھو	ان (لوگوں) کے ساتھ	یہاں تک کہ	وہ مشغول ہو جائیں	میں
تو ان لوگوں کے ساتھ نہ بیٹھو جب تک وہ کسی دوسری بات میں				

حَدِيْثٍ غَيْرِهٖٓ ۖ اِنَّكُمْ اِذًا مِّثْلُهُمْ ؕ			
حَدِيْثٍ غَيْرِهٖٓ	اِنَّكُمْ	اِذًا	مِّثْلُهُمْ
اس کے علاوہ کسی بات	(اگر بیٹھے تو) بیشک تم	اس وقت	ان کے جیسے (ہو جاؤ گے)
مشغول نہ ہو جائیں ورنہ تم بھی انہیں جیسے ہو جاؤ گے۔			

اِنَّ اللّٰهَ جَامِعُ الْمُنٰفِقِيْنَ وَالْكٰفِرِيْنَ فِیْ			
اِنَّ	اللّٰهَ	جَامِعُ الْمُنٰفِقِيْنَ وَالْكٰفِرِيْنَ	فِیْ
بیشک	اللہ	منافقوں اور کافروں کو جمع کرنے والا	میں
بیشک اللہ منافقوں اور کافروں سب کو جہنم میں			

جَهَنَّمَ جَمِيْعَا ۙ﴿۱۴۰﴾ الَّذِيْنَ يَتَرَبَّصُوْنَ بِكُمْ ۚ				
جَهَنَّمَ	جَمِيْعَا ﴿۱۴۰﴾	الَّذِيْنَ	يَتَرَبَّصُوْنَ	بِكُمْ
جہنم	سب (کو)	وہ لوگ جو	انتظار کرتے رہتے ہیں	تم پر (گردشوں کا)
اکٹھا کرنے والا ہے ○ وہ جو تمہارے اوپر (گردشِ زمانہ) کا انتظار کرتے رہتے ہیں				

فَاِنْ كَانَ لَكُمْ فَتْحٌ مِّنَ اللّٰهِ قَالُوْٓا						
فَاِنْ	كَانَ	لَكُمْ	فَتْحٌ	مِّنَ	اللّٰهِ	قَالُوْٓا
پھر اگر	ہو	تمہارے لئے	فتح	کی طرف سے	اللہ	(تو) کہتے ہیں
پھر اگر اللہ کی طرف سے تمہیں فتح ملے تو کہتے ہیں:						

عنوان منافقوں کی موقع پرستی

(1)...... اِس آیت میں واضح طور پر فرمادیا کہ اللہ تعالیٰ کی آیتوں کا انکار کرنے اور ان کا مذاق اڑانے والے جب وہ اِس خبیث فعل میں مصروف ہوں تو ان کے پاس نہ بیٹھو۔ اس سے وہ لوگ سبق حاصل کریں جو فلموں، ڈراموں، گانوں، تھیٹروں، دوستوں کی گپوں اور بدمذہبوں کی صحبتوں میں دین کا مذاق اڑتا ہوا دیکھتے ہیں اور پھر بھی وہاں بیٹھے رہتے ہیں بلکہ معاذ اللہ ان کی ہاں میں ہاں ملا رہے ہوتے ہیں۔

اَلَمْ نَكُنْ مَّعَكُمْ ۖ٘ وَ اِنْ كَانَ لِلْكٰفِرِيْنَ

اَلَمْ نَكُنْ	مَّعَكُمْ	وَ	اِنْ	كَانَ	لِلْكٰفِرِيْنَ
کیا ہم نہ تھے	تمہارے ساتھ	اور	اگر	ہو	کافروں کے لئے

کیا ہم تمہارے ساتھ نہ تھے ؟ اور اگر کافروں کے لئے (فتح کا) حصہ ہو

نَصِيْبٌ ۙ قَالُوْۤا اَلَمْ نَسْتَحْوِذْ عَلَيْكُمْ وَ

نَصِيْبٌ	قَالُوْۤا	اَلَمْ نَسْتَحْوِذْ	عَلَيْكُمْ	وَ
(فتح کا) حصہ	(تو ان سے) کہتے ہیں	کیا ہم غالب نہیں ہو گئے تھے	تمہارے اوپر	اور

تو (ان سے) کہتے ہیں: کیا ہم تم پر غالب نہ تھے ؟ اور

نَمْنَعْكُمْ مِّنَ الْمُؤْمِنِيْنَ ؕ فَاللّٰهُ يَحْكُمُ

نَمْنَعْكُمْ (1)	مِّنَ	الْمُؤْمِنِيْنَ	فَاللّٰهُ	يَحْكُمُ
(کیا) ہم نے (نہ) تحفظ کیا تمہارا	سے	مسلمانوں	پس اللہ	فیصلہ کردے گا

(کیا) ہم نے مسلمانوں کو تم سے روکے (نہ) رکھا ؟ تو اللہ تمہارے درمیان

بَيْنَكُمْ يَوْمَ الْقِيٰمَةِ ؕ وَ لَنْ يَّجْعَلَ اللّٰهُ

بَيْنَكُمْ	يَوْمَ الْقِيٰمَةِ	وَ	لَنْ يَّجْعَلَ	اللّٰهُ
تمہارے درمیان	قیامت کے دن	اور	ہرگز نہ بنائے گا	اللہ

قیامت کے دن فیصلہ کردے گا اور اللہ

لِلْكٰفِرِيْنَ عَلَى الْمُؤْمِنِيْنَ سَبِيْلًا ۠ ﴿۱۴۱﴾ اِنَّ الْمُنٰفِقِيْنَ

لِلْكٰفِرِيْنَ	عَلَى	الْمُؤْمِنِيْنَ	سَبِيْلًا ﴿۱۴۱﴾	اِنَّ	الْمُنٰفِقِيْنَ
کافروں کے لئے	پر	مسلمانوں	کوئی راہ	بیشک	منافق لوگ

کافروں کو مسلمانوں پر کوئی راہ نہ دے گا ○ بیشک منافق لوگ

عنوان اللہ تعالیٰ منافقوں کو دھوکا دہی کی سزا دے گا

1 ...... اس سے معلوم ہوا کہ منافقوں کی زندگی صرف اپنے مفاد کے گرد گھومتی ہے اور وہ کسی کے ساتھ بھی حقیقی طور پر مخلص نہیں ہوتے۔

يُخٰدِعُوْنَ اللّٰهَ وَهُوَ خَادِعُهُمْ ۚ وَ

يُخٰدِعُوْنَ	اللّٰهَ	وَ	هُوَ	خَادِعُهُمْ	وَ
فریب دینا چاہتے ہیں	اللّٰہ (کو)	اور	وہ	فریب کی سزا دینے والا انہیں	اور

اپنے گمان میں اللّٰہ کو فریب دینا چاہتے ہیں اور وہی انہیں غافل کر کے مارے گا اور

اِذَا قَامُوْۤا اِلَى الصَّلٰوةِ قَامُوْا كُسَالٰى ۙ

اِذَا	قَامُوْۤا	اِلَى	الصَّلٰوةِ	قَامُوْا	كُسَالٰى (1)
جب	کھڑے ہوتے ہیں	کی طرف	نماز	کھڑے ہوتے ہیں	بڑے سست (ہو کر)

جب نماز کے لئے کھڑے ہوتے ہیں تو بڑے سست ہو کر

يُرَآءُوْنَ النَّاسَ وَلَا يَذْكُرُوْنَ اللّٰهَ اِلَّا

يُرَآءُوْنَ	النَّاسَ	وَ	لَا يَذْكُرُوْنَ	اللّٰهَ	اِلَّا
دکھاتے ہیں	لوگوں (کو)	اور	وہ ذکر نہیں کرتے	اللّٰہ (کا)	مگر

لوگوں کے سامنے ریاکاری کرتے ہوئے کھڑے ہوتے ہیں اور اللّٰہ کو

قَلِيْلًا ﴿۱۴۲﴾ مُّذَبْذَبِيْنَ بَيْنَ ذٰلِكَ ۖ لَاۤ اِلٰى هٰۤؤُلَآءِ

قَلِيْلًا ﴿۱۴۲﴾	مُّذَبْذَبِيْنَ	بَيْنَ ذٰلِكَ (2)	لَاۤ	اِلٰى	هٰۤؤُلَآءِ
تھوڑا	ڈگمگانے والے ہیں	اس کے درمیان	نہ	کی طرف	ان

بہت تھوڑا یاد کرتے ہیں ○ درمیان میں ڈگمگا رہے ہیں، نہ ان کی طرف ہیں

وَلَاۤ اِلٰى هٰۤؤُلَآءِ ؕ وَمَنْ يُّضْلِلِ اللّٰهُ

وَ	لَاۤ	اِلٰى	هٰۤؤُلَآءِ	وَ	مَنْ	يُّضْلِلِ	اللّٰهُ
اور	نہ	کی طرف	اُن	اور	جسے	گمراہ کر دے	اللّٰہ

نہ اُن کی طرف اور جسے اللّٰہ گمراہ کرے

عنوان: نماز میں سستی اور ریاکاری منافقوں کی علامت ہے — منافق کفر اور ایمان کے درمیان ڈگمگا رہے ہیں

1 ...... اس سے معلوم ہوا کہ نماز میں سستی کرنا منافقوں کی علامت ہے۔ نماز نہ پڑھنا یا صرف لوگوں کے سامنے پڑھنا جبکہ تنہائی میں نہ پڑھنا یا لوگوں کے سامنے خشوع وخضوع سے اور تنہائی میں جلدی جلدی پڑھنا یا نماز میں ادھر ادھر خیال لے جانا اور دلجمعی کیلئے کوشش نہ کرنا وغیرہ سب سستی کی علامتیں ہیں۔

2 ...... یعنی منافق لوگ کفر و ایمان کے درمیان ڈگمگا رہے ہیں، وہ نہ صحیح مومن ہیں، نہ کھلے کافر۔

فَلَنْ تَجِدَ لَهٗ سَبِيْلًا ﴿١٤٣﴾ يٰۤاَيُّهَا الَّذِيْنَ				
فَلَنْ تَجِدَ	لَهٗ	سَبِيْلًا ﴿١٤٣﴾	يٰۤاَيُّهَا	الَّذِيْنَ
تو تم ہرگز نہ پاؤ گے	اس کے لئے	کوئی راہ	اے	وہ لوگو جو
تو تم اس کے لئے کوئی راستہ نہ پاؤ گے ○ اے ایمان والو!				

اٰمَنُوْا لَا تَتَّخِذُوا الْكٰفِرِيْنَ اَوْلِيَآءَ مِنْ دُوْنِ الْمُؤْمِنِيْنَ					
اٰمَنُوْا	لَا تَتَّخِذُوا	الْكٰفِرِيْنَ	اَوْلِيَآءَ (1)	مِنْ	دُوْنِ الْمُؤْمِنِيْنَ
ایمان لائے	نہ بناؤ	کافروں (کو)	دوست	سے	مسلمانوں کے علاوہ
مسلمانوں کو چھوڑ کر کافروں کو دوست نہ بناؤ۔					

اَتُرِيْدُوْنَ اَنْ تَجْعَلُوْا لِلّٰهِ عَلَيْكُمْ سُلْطٰنًا مُّبِيْنًا ﴿١٤٤﴾					
اَتُرِيْدُوْنَ	اَنْ	تَجْعَلُوْا	لِلّٰهِ	عَلَيْكُمْ	سُلْطٰنًا مُّبِيْنًا ﴿١٤٤﴾
کیا تم چاہتے ہو	کہ	بنالو	اللہ کی	اپنے اوپر	صریح حجت
کیا تم یہ چاہتے ہو کہ اپنے اوپر اللہ کے لئے صریح حجت قائم کرلو ○					

اِنَّ الْمُنٰفِقِيْنَ فِي الدَّرْكِ الْاَسْفَلِ مِنَ				
اِنَّ	الْمُنٰفِقِيْنَ	فِي	الدَّرْكِ الْاَسْفَلِ (2)	مِنَ
بیشک	منافقین	میں	سب سے نچلے طبقے	سے
بیشک منافق دوزخ کے سب سے نچلے طبقے				

النَّارِ ۚ وَلَنْ تَجِدَ لَهُمْ نَصِيْرًا ﴿١٤٥﴾ اِلَّا					
النَّارِ	وَ	لَنْ تَجِدَ	لَهُمْ	نَصِيْرًا ﴿١٤٥﴾	اِلَّا
آگ	اور	تم ہرگز نہ پاؤ گے	ان کے لئے	کوئی مددگار	مگر
میں ہیں اور تو ہرگز ان کا کوئی مددگار نہ پائے گا ○ مگر					

عنوان: مسلمانوں کو چھوڑنے اور کافروں کو دوست بنانے کی ممانعت — منافق جہنم کے سب سے نچلے طبقے میں ہوں گے — نفاق سے سچی توبہ کرنے والے مسلمانوں کے ساتھ ہوں گے

1 ...... اس آیت میں اہل ایمان کو بتایا گیا کہ مسلمانوں کی بجائے کفار کو دوست بنانا منافقوں کی خصلت ہے، لہٰذا تم اس سے بچو۔ کیا تم یہ چاہتے ہو کہ کافروں کو دوست بنا کر منافقت کی راہ اختیار کرو اور یوں اپنے خلاف اللہ تعالیٰ کی حجت قائم کرلو۔

2 ...... منافق کا عذاب کافر سے بھی زیادہ اس لئے ہوگا کہ وہ دنیا میں خود کو مسلمان کہہ کر کافروں سے متعلق شرعی احکام سے بچا رہا اور کافر ہونے کے باوجود مسلمانوں کو دھوکہ دینا اور اسلام کے ساتھ استہزاء کرنا اس کا شیوہ رہا ہے۔

الَّذِیْنَ تَابُوْا وَ اَصْلَحُوْا وَ اعْتَصَمُوْا

الَّذِیْنَ	تَابُوْا (1)	وَ	اَصْلَحُوْا	وَ	اعْتَصَمُوْا
وہ لوگ جو (جنہوں نے)	توبہ کی	اور	اصلاح کرلی، سدھر گئے	اور	مضبوطی سے تھام لیا

وہ لوگ جنہوں نے توبہ کی اور اپنی اصلاح کرلی اور اللہ کی رسی کو

بِاللّٰهِ وَ اَخْلَصُوْا دِیْنَهُمْ لِلّٰهِ فَاُولٰٓىٕكَ

بِاللّٰهِ	وَ	اَخْلَصُوْا	دِیْنَهُمْ	لِلّٰهِ	فَاُولٰٓىٕكَ
اللہ (کی رسی) کو	اور	خالص کرلیا	اپنا دین	اللہ کے لئے	تو یہ لوگ

مضبوطی سے تھام لیا اور اپنا دین خالص اللہ کے لئے کرلیا تو یہ

مَعَ الْمُؤْمِنِیْنَؕ وَ سَوْفَ یُؤْتِ اللّٰهُ الْمُؤْمِنِیْنَ اَجْرًا

مَعَ الْمُؤْمِنِیْنَ	وَ	سَوْفَ یُؤْتِ	اللّٰهُ	الْمُؤْمِنِیْنَ	اَجْرًا
مسلمانوں کے ساتھ (ہیں)	اور	عنقریب دے گا	اللہ	مسلمانوں (کو)	ثواب

مسلمانوں کے ساتھ ہیں اور عنقریب اللہ مسلمانوں کو بڑا ثواب

عَظِیْمًا ﴿۱۴۶﴾ مَا یَفْعَلُ اللّٰهُ بِعَذَابِكُمْ اِنْ شَكَرْتُمْ

عَظِیْمًا ﴿۱۴۶﴾	مَا	یَفْعَلُ (2)	اللّٰهُ	بِعَذَابِكُمْ	اِنْ	شَكَرْتُمْ
بڑا	کیا	کرے گا	اللہ	تمہیں عذاب دینے کے ساتھ	اگر	تم شکر گزار بن جاؤ

دے گا ○ اور اگر تم شکر گزار بن جاؤ اور ایمان لاؤ تو اللہ تمہیں عذاب دے کر

وَ اٰمَنْتُمْؕ وَ كَانَ اللّٰهُ شَاكِرًا عَلِیْمًا ﴿۱۴۷﴾

وَ	اٰمَنْتُمْ	وَ	كَانَ	اللّٰهُ	شَاكِرًا	عَلِیْمًا ﴿۱۴۷﴾
اور	ایمان لاؤ	اور	ہے	اللہ	قدر کرنے والا، شکر کا صلہ دینے والا	جاننے والا

کیا کرے گا اور اللہ قدر کرنے والا، جاننے والا ہے ○

عنوان: اللہ تعالیٰ شکر گزار بندوں کی قدر فرماتا ہے

1 ...... منافق لوگ بدترین کفار ہیں لیکن انہیں بھی توبہ کی دعوت دی گئی ہے، اس سے معلوم ہوا کہ اگر بدترین کافر بھی سچی توبہ کرلے تو اس کی توبہ مقبول ہے۔

2 ...... اس سے معلوم ہوا کہ اللہ تعالیٰ کے کام حکمت سے تو ہوتے ہیں لیکن کسی غرض سے نہیں ہوتے کیونکہ وہ رب کریم غرض وغایت سے پاک ہے۔